Negociação

Central de Qualidade – FGV Online
ouvidoria@fgv.br

Publicações FGV Online

COLEÇÃO **GESTÃO EMPRESARIAL**

Negociação

Jaci Corrêa Leite

Copyright © 2013 Jaci Corrêa Leite

Direitos desta edição reservados à
EDITORA FGV
Rua Jornalista Orlando Dantas, 37
22231-010 – Rio de Janeiro, RJ – Brasil
Tels.: 0800-021-7777 – 21-3799-4427
Fax: 21-3799-4430
editora@fgv.br – pedidoseditora@fgv.br
www.fgv.br/editora

Impresso no Brasil/*Printed in Brazil*

Todos os direitos reservados. A reprodução não autorizada desta publicação, no todo ou em parte, constitui violação do copyright (Lei nº 9.610/98).

Os conceitos emitidos neste livro são de inteira responsabilidade do autor.

1ª edição – 2013

Preparação de originais: Rebecca Villagrán Reimão Mello Seoane
Editoração eletrônica: FGV Online
Revisão: Marina Bandeira Ferrarez Morani, Milena Clemente de Moraes e Aleidis de Beltran
Capa: Aspectos
Imagem da capa: © Andrey Kiselev I Dreamstime.com

Leite, Jaci Corrêa
Negociação / Jaci Corrêa Leite. Rio de Janeiro: Editora FGV, 2013.
232 p. – (Gestão empresarial (FGV Online))

Publicações FGV Online.
Inclui autoavaliações, vocabulário e bibliografia comentada.
ISBN: 978-85-225-1143-3

1. Negociação. I. Fundação Getulio Vargas. II. FGV Online. III. Título. IV. Série.

CDD – 658.4052

*Dedico este trabalho à minha esposa Sonia, que a cada
dia me ensina que a melhor de todas as negociações é
aquela que cria e consolida um relacionamento estável,
alicerçado na mútua confiança, comprometido na cons-
tante busca do melhor para o outro, que agrega valor
continuamente e que ambos os lados querem preservar.*

SUMÁRIO

Apresentação	11
Publicações FGV Online	13
Introdução	17
Módulo I – Natureza da negociação	**19**
Negociação	22
Característica humana	22
Definições de negociação	23
Sim *versus* não	25
Ciência e arte	26
Características da negociação	28
Características de todas as negociações	28
Falhas na comunicação	34
Estresse	34
Aspectos tangíveis das negociações	36
Vantagem pecuniária	37
Relacionamentos duradouros	37
Redução do estresse	38
Cada caso é um caso...	39
Satisfação dos envolvidos	40
Oferta e contraoferta	46
Satisfação pessoal	47
Autoavaliações	**49**
Módulo II – Condução da negociação	**55**
Modelo conceitual	58
Sentar-se à mesa	58
Prestação de contas	58

Dissonâncias	60
Grupo do outro	64
Relatividade das situações	64
Tipos de dissonâncias	65
Aliado "à mesa"	65
Identificação do interlocutor como aliado	65
Foco de resistência	68
Interlocutor como adversário	70
Revertendo o adversário em aliado	71
Lidando com o adversário quando não há reversão	74
Uma síntese sobre a questão das dissonâncias	77
Alternativas	78
Melhor alternativa	78
Plateia	81
Reação ao efeito plateia	85
Agenda oculta	87
Causas da agenda oculta	89
Identificação da agenda oculta	90
Cuidados com a agenda oculta	90
Expansão do modelo	94
Negociações em grupos	94
Composição da mesa	96
Limitações do modelo	97
Incoerência sem agenda oculta	97

Autoavaliações   **99**

Módulo III – Alternativas em negociação   **105**

Desenvolvimento de alternativas	108
Formulação de alternativas	108
Economia de tempo	109
Complexidade do processo decisório	115
Mito do "bolo de tamanho fixo"	120
Viés de análise	120
Impacto das armadilhas	121

Autoavaliações   **123**

Módulo IV – Método de Harvard   **129**

Um método de negociação   132

  Método de Harvard   133

  Barganha de posições   134

Pessoas   141

  Pessoas *versus* problemas   141

  Memória emocional   143

  Emoção e comunicação   144

  Pensamento do outro   145

  Subjetividade, compreensão e julgamento   146

  Intenções do outro   147

  Equilíbrio entre razão e emoção   149

  Explosões emocionais   150

  Falhas na comunicação   152

  Sugestões   153

  Pressupostos não discutidos   155

Interesses   156

  Interesses e posições   156

  Conciliação de posições   158

  Explicitação de interesses   159

  Reenquadramento da situação   161

Opções   164

  Ganhos mútuos   164

    Julgamento prematuro   164

    Resposta única   165

    Pressuposição de bolo fixo   166

    Problema dele *versus* problema meu   167

    Outros procedimentos de ganhos mútuos   168

Critérios   171

  Critérios objetivos   171

  Legitimidade dos critérios   171

  Motivos   172

  Requisitos   173

  Elaboração   175

  Recomendações   177

  Otimismo e aperfeiçoamento   178

Autoavaliações	**181**
Vocabulário	**187**
Autoavaliações – Gabaritos e comentários	**197**
Módulo I – Natureza da negociação	199
Módulo II – Condução da negociação	205
Módulo III – Alternativas em negociação	211
Módulo IV – Método de Harvard	217
Bibliografia comentada	**223**
Autor	**225**
FGV Online	**227**

Apresentação

Este livro faz parte das Publicações FGV Online, programa de educação a distância da Fundação Getulio Vargas (FGV).

A FGV é uma instituição de direito privado, sem fins lucrativos, fundada, em 1944, com o objetivo de ser um centro voltado para o desenvolvimento intelectual do país, reunindo escolas de excelência e importantes centros de pesquisa e documentação focados na economia, na administração pública e privada, bem como na história do Brasil.

Em todos esses anos de existência, a FGV vem gerando e transmitindo conhecimentos, prestando assistência técnica às organizações e contribuindo para um Brasil sustentável e competitivo no cenário internacional.

Com espírito inovador, o FGV Online, desde sua criação, marca o início de uma nova fase dos programas de educação continuada da Fundação Getulio Vargas, atendendo não só aos estudantes de graduação e pós-graduação, executivos e empreendedores, como também às universidades corporativas que desenvolvem projetos de *e-learning*, e oferecendo diversas soluções de educação a distância, como videoconferência, TV via satélite com IP, soluções *blended* e metodologias desenvolvidas conforme as necessidades de seus clientes e parceiros.

Desenvolvendo soluções de educação a distância a partir do conhecimento gerado pelas diferentes escolas da FGV -- a Escola Brasileira de Administração Pública e de Empresas (Ebape), a Escola de Administração de Empresas de São Paulo (Eaesp), a Escola de Matemática Aplicada (EMAp), a Escola de Pós-Graduação em Economia (EPGE), a Escola de Economia de São Paulo (Eesp), o Centro de Pesquisa e Documentação de História Contemporânea do Brasil (Cpdoc), a Escola de Direito do Rio de Janeiro (Direito Rio), a Escola de Direito de São Paulo (Direito GV) e o Instituto Brasileiro de Economia (Ibre) --, o FGV Online é parte integrante do Instituto de Desenvolvimento Educacional (IDE), criado em 2003, com o objetivo de coordenar e gerenciar uma rede de distribuição única para os produtos e serviços educacionais produzidos pela FGV.

Visando atender às demandas de seu público-alvo, atualmente, o FGV Online disponibiliza:

- cursos de atualização via *web*, com conteúdos fornecidos por professores das diversas escolas da FGV;
- desenvolvimento e customização de cursos e treinamentos corporativos, via *web*, com conteúdos fornecidos pelo cliente ou desenvolvidos pela própria FGV;
- cursos e treinamentos semipresenciais estruturados simultaneamente com metodologias presencial e a distância;
- cursos e treinamentos disponibilizados por videoconferência, *webcasting* e TV via satélite com IP;
- TV corporativa;
- modelagem e gestão de universidades corporativas;
- jogos de negócios via internet;
- material didático multimídia – apostilas, vídeos, CD-ROMs.

Ciente da relevância dos materiais e dos recursos multimídia em cursos a distância, o FGV Online desenvolveu os livros que compõem as Publicações FGV Online – com foco específico em pós-graduação –, com a consciência de que eles ajudarão o leitor – que desejar ou não ingressar em uma nova e enriquecedora experiência de ensino-aprendizagem, a educação a distância (EAD) – a responder, com mais segurança, às mudanças tecnológicas e sociais de nosso tempo, bem como a suas necessidades e expectativas.

Prof. Rubens Mario Alberto Wachholz
Diretor do IDE

Prof. Stavros Panagiotis Xanthopoylos
Vice-diretor do IDE

Publicações FGV Online

Atualmente, a educação a distância (EAD) impõe-nos o desafio de navegar por um mar de tecnologias da informação e da comunicação (TICs) aptas a veicular mensagens em diferentes mídias.

Especificamente no que se refere à produção de conteúdos para EAD, independentemente da mídia a ser utilizada, vale ressaltar a importância de alguns princípios gerais. Um deles é a necessidade de o conteúdo apresentar integralidade, ou seja, estrutura coerente, objetiva e completa, já que, ao contrário da prática presencial, as "entrelinhas" do livro didático ou do arquivo *powerpoint* que subsidia as aulas não poderão ser preenchidas, em tempo real, pelo professor.

A modularidade também é muito importante: materiais modulares são alterados mais facilmente, em função do perfil do público-alvo ou de atualizações de conteúdo. Ademais, a modularidade também é uma importante estratégia para o aumento da escalabilidade da oferta de conteúdos em EAD, visto que a construção de unidades mínimas, autônomas e portáteis de conteúdo – os chamados objetos de aprendizagem (OAs) – favorece a criação de múltiplas combinações, que podem ser compartilhadas por diferentes sistemas de aprendizado.

Outro princípio inclui o planejamento de estratégias para atrair a participação dos estudantes que, em sua maioria, não estão acostumados à disciplina necessária ao autoestudo. Assim, é um erro acreditar que não precisemos investir – e muito – em práticas motivacionais na EAD. Por isso, participação e interação precisam ser estruturadas, por meio de jogos, atividades lúdicas, exemplos que favoreçam o desenvolvimento do pensamento dedutivo... donde a importância da simulação e da variedade para atender a motivações diversas, mantendo, assim, a atenção dos estudantes e diminuindo os índices de evasão na EAD.

Repetição e síntese também são princípios que não devem ser esquecidos. Ao mesmo tempo em que oferecem reforço, compensando distrações no ato de leitura – audição, visualização – dos conteúdos e limitações da memória, favorecem a fixação de informações.

Dentre todos esses princípios, entretanto, talvez o mais importante seja o padrão de linguagem utilizado. O caráter dialógico da linguagem – a interação – é um fator determinante da construção do conhecimento. Desse modo, a linguagem a ser empregada é aquela capaz de destacar a dimensão dialógica do ato comunicativo, e não diminuir a voz do estudante. O tom de conversação, portanto, deve ser preferido ao acadêmico. O uso da 1ª pessoa do discurso, a inserção de relatos, exemplos pessoais, frases e parágrafos curtos, bem como de perguntas constituem algumas das estratégias dos profissionais de criação em EAD para dar à linguagem uma face humana individualizada e reconhecível pelos estudantes.

O desenvolvimento de materiais para EAD baseados na *web* não requer menos cuidados. O mesmo tipo de criatividade presente na elaboração do conteúdo deve estar refletido no *layout* de cada tela/página em que ele estará disponível *on-line*. Legibilidade, acessibilidade e navegabilidade são parâmetros que devem nortear desde a construção do *storyboard* (o desenho inicial) do curso até sua finalização.

Na organização do conteúdo *on-line*, sobretudo, a multiplicidade de recursos à disposição dos profissionais de criação é tão útil como perigosa, demandando excessivo cuidado no uso dos elementos mais aptos a facilitar o aprendizado: imagens fixas e cinéticas (gráficos, esquemas, tabelas, fotos, desenhos, animações, vídeos), *hiperlinks*, textos e sons. Até mesmo os espaços em branco – nas páginas impressas ou *on-line* – representam instantes de silêncio que podem favorecer a reflexão dos estudantes, ou seja, usar tudo e de uma só vez não é sinônimo de eficácia e qualidade.

Por exemplo: não podemos ler e ver, ao mesmo tempo; assim, ou as imagens ilustram os textos ou os textos fornecem legendas para as imagens, o que precisa ser planejado. Por sua vez, *hiperlinks* com sugestões de leituras complementares, comentários, verbetes, endereços para pesquisas em *sites*, etc. precisam constituir uma rede desenhada com critério, capaz de, simultaneamente, facilitar o aprendizado e abrir novos caminhos para o aprofundamento de conteúdos ou criarão um caos por onde, dificilmente, o estudante conseguirá navegar com segurança e eficácia.

Partindo da experiência obtida na construção de materiais didáticos para soluções educacionais a distância, o FGV Online desenvolveu as Publicações FGV Online, que visam oferecer suporte aos estudantes que ingressam nos cursos a distância da instituição e oferecer subsídios para que o leitor possa-se atualizar e aperfeiçoar, por meio de mídia impressa, em diferentes temas das áreas de conhecimento disponíveis nas coleções:

- Direito;
- Economia;
- Educação e comunicação;
- Gestão da produção;
- Gestão de marketing;
- Gestão de pessoas;
- Gestão de projetos;

- Gestão empresarial;
- Gestão esportiva;
- Gestão financeira;
- Gestão hospitalar;
- Gestão pública;
- Gestão socioambiental;
- História e ética.

Portanto, ainda que o estudante, aqui, não tenha acesso a todos os recursos próprios da metodologia utilizada e já explicitada para construção de cursos na *web* – acesso a atividades diversas; jogos didáticos; vídeos e desenhos animados, além de biblioteca virtual com textos complementares de diversos tipos, biografias das pessoas citadas nos textos, *links* para diversos *sites*, entre outros materiais –, encontrará, nos volumes da coleção, todo o conteúdo a partir do qual os cursos do FGV Online são desenvolvidos, adaptado à mídia impressa.

A estrutura de cada volume de todas as coleções das Publicações FGV Online contempla:

- conteúdo dividido em módulos, unidades e, eventualmente, em seções e subseções;
- autoavaliações distribuídas por módulos, compostas por questões objetivas de múltipla escolha e gabarito comentado;
- vocabulário com a explicitação dos principais verbetes relacionados ao tema do volume e utilizados no texto;
- bibliografia comentada, com sugestões de leituras relacionadas ao estado da arte do tema desenvolvido no volume.

Direcionar, hoje, a inventividade de novos recursos para ações efetivamente capazes de favorecer a assimilação de conteúdos, a interação e o saber pensar pode ser, realmente, o desafio maior que nos oferece a produção de materiais não só para a EAD mas também para quaisquer fins educacionais, pois os avanços tecnológicos não param e as mudanças dos novos perfis geracionais também são contínuas.

Para isso, precisamos aprender a viver perigosamente, experimentando o novo... e a inovação provém de quem sabe valorizar as incertezas, superar-se nos erros, saltar barreiras para começar tudo de novo... mesmo a experiência mais antiga, que é educar.

Prof. Stavros Panagiotis Xanthopoylos
Vice-diretor do IDE e
coordenador das Publicações FGV Online – pós-graduação

Profa. Mary Kimiko Guimarães Murashima
Diretora de Soluções Educacionais do IDE e
coordenadora das Publicações FGV Online – pós-graduação

Profa. Elisabeth Santos da Silveira
Assessora educacional de Soluções Educacionais do IDE

Introdução

O objetivo deste livro é oferecer um estudo sobre negociação e sua aplicabilidade no ambiente organizacional. Evidentemente, aqui não temos a intenção de ensinar quem quer que seja a negociar. Pelo contrário, se, por um lado, a negociação se aproxima muito da ciência – métodos e modelos sistematizados –, por outro, relaciona-se também à arte – elementos subjetivos que, de um modo geral, são decorrentes do conjunto de experiências, positivas e negativas, de cada um de nós.

Na verdade, assim como andar de bicicleta ou praticar esportes, negociação é, antes de tudo, uma questão de prática. Nesse sentido, nosso propósito jamais deve ser entendido como um substituto para a atividade de negociar, mas como uma forma de aprimorar a prática. Nada substitui aquilo que só se revela no dia a dia, no contato pessoal, na sutileza dos detalhes de cada negociação. Entretanto, o uso de modelos e de técnicas estruturadas pode auxiliar o negociador no processo que compreende a organização de seus pensamentos, a análise do contexto, a avaliação das possíveis alternativas e, finalmente, a escolha de qual será sua próxima ação.

Em *Negociação*, apresentaremos uma visão clara e abrangente dos diversos componentes intrínsecos a uma negociação e da forma pela qual esses componentes se relacionam. Buscaremos, ainda, analisar e mapear o contexto externo em que se insere a negociação, de modo a compreender os diversos atores e as diversas forças que motivam e pressionam as partes diretamente envolvidas. Sob esse foco, *Negociação* foi estruturado em quatro módulos.

No módulo I, apresentaremos uma visão geral sobre o que é negociar e quais são os elementos intrínsecos e contextuais das diversas situações de negociações enfrentadas no dia a dia.

No módulo II, analisaremos um modelo conceitual cuja finalidade é o entendimento do ambiente e das forças que influenciam os negociadores em seus processos decisórios, explorando as diversas situações de negociação e sugerindo possíveis táticas para cada uma delas.

No módulo III, iniciaremos uma análise sobre a importância das alternativas em uma negociação e discorreremos sobre os principais erros de avaliação que costumam ocorrer em negociações.

No módulo IV, finalmente, apresentaremos uma metodologia consagrada, desenvolvida pela Universidade de Harvard, a qual se propõe a estruturar o processo de negociação como um todo, desde a identificação do problema até a definição de soluções e respectivos critérios.

O autor

Módulo I – Natureza da negociação

Módulo I – Natureza da negociação

Neste módulo, apresentaremos uma visão geral sobre a negociação, desfazendo alguns mitos e ampliando conceitos.

Iniciaremos revendo e detalhando o conceito de negociação, já que negociar é um comportamento presente em nosso cotidiano – desde o ato de comprar ou vender até complicados e sutis acordos. Aqui tentaremos ainda verificar o *status* do negociar: arte ou ciência?

Embora cada negociação seja única, existem marcas que a tornam semelhante a outras. Logo, trabalharemos com as três características que toda negociação apresenta: assimetria de informações, fatores intervenientes e estresse.

Como toda negociação tem um objetivo, identificaremos as principais metas que, normalmente, conduzem as negociações.

Finalmente, focalizaremos a satisfação dos envolvidos. Para tal, vamos refletir sobre o esforço que empreendemos em negociações, considerando a satisfação pessoal e os resultados concretos obtidos.

Negociação

Característica humana

Todo mundo gosta de negociar e sabe como fazer. Negociamos praticamente desde que somos bebês (embora, nessa fase, ainda não tenhamos a exata noção de que estejamos negociando) até o final de nossas vidas.

Negociamos de tudo, desde o ato de comprar ou vender (a primeira ideia que nos vem à cabeça quando pensamos na palavra "negociar") até complicados e sutis acordos, cujos componentes nem sempre podem ser claramente identificados, quanto mais explicitados:

- negociamos com o olhar quando estamos paquerando e tentando chamar a atenção de alguém;
- depois de "mordida a isca", passamos a negociar (sem palavras) como será o namoro;
- negociamos "como", "se" e "quando" o compromisso ficará mais sério;
- ao começarmos uma vida a dois, negociamos soluções para nossos problemas financeiros;
- anos depois, negociamos as regras e os limites para a educação de nossos filhos;
- negociamos com a família "onde" e "como" serão as próximas férias – depois de negociarmos com o chefe "se" e "quando" vamos tirar férias.

Diversos são os exemplos de como negociamos em nosso dia a dia:

- negociamos com o vizinho que, frequentemente, reclama do barulho feito por nosso filho ao ouvir seus discos de *rock*;
- negociamos com a vizinha para reclamar do cachorro dela, que late logo de manhã em pleno domingo;
- negociamos com nossos pais, tentando convencê-los a seguir, à risca, aquilo que o médico recomendou para eles;
- negociamos com o gerente do banco que quer nos vender um seguro para não cortar nosso cheque especial;
- negociamos com o garoto à porta do restaurante quando nos pede um trocado para tomar conta do carro;

- negociamos com o garçom do restaurante para que troque o purê de batatas por uma salada – sem acréscimo na conta;
- às vezes, negociamos, até mesmo, conosco, tentando nos vender determinada ideia – o que, por vezes, é a mais complicada e a mais difícil entre todas as negociações.

Definições de negociação

Negociar é muito mais do que o simples ato de comprar e vender. Portanto, precisamos, antes de tudo, definir o que é negociar. Embora isso pareça fácil, pode não ser assim tão simples na prática. Há muitas definições para negociação, complementares e não excludentes.

Para Fisher, Ury e Patton,[1] negociar é conseguir um sim – em outras palavras, conseguir um acordo. Para Herb Cohen,[2] negociar é usar poder, tempo e informação para conseguir aquilo que se deseja. Negociar racionalmente, para Bazerman e Neale,[3] significa tomar as melhores decisões para otimizar seus interesses.

Já para Shell,[4] negociar é um processo de comunicação interativo, que ocorre quando queremos algo de outra pessoa, ou quando outra pessoa quer algo de nós.

Sem qualquer pretensão de lançar conceitos absolutos ou esgotar a polêmica, definiremos "negociação" como um processo interativo de duas ou mais partes independentes ou interdependentes, que têm autonomia de decisão, cada uma delas interessada na busca de soluções que assegurem seus próprios interesses da melhor forma possível.

Essa definição acima não estaria um pouco "egoísta demais"? Não há casos em que estamos interessados em defender os interesses dos outros? Bem... a resposta é "sim", desde que os interesses dos outros estejam alinhados a nossos próprios interesses. Por exemplo, quando abrimos mão de cobrar uma multa prevista em um contrato, podemos fazê-lo por vários motivos. Primeiro, se vemos isso como uma forma de assegurar o relacionamento (e, portanto, estamos olhando para nosso interesse). Segundo, se

---

[1] FISHER, R.; URY, W.; PATTON, B. *Como chegar ao sim*. Rio de Janeiro: Imago, 2005. p. 9.
[2] COHEN, H. *Você pode negociar qualquer coisa*. Rio de Janeiro: Record, 1994. p. 17.
[3] BAZERMAN, Max H.; NEAL, Margaret A. *Negociando racionalmente*. São Paulo: Atlas, 1994. p. 17.
[4] SHELL, G. Richard. *Negociar é preciso*. São Paulo: Negócio Editora, 2001. p. 7.

estamos pensando em evitar um estresse enorme ao cobrar a outra parte e não nos agrada a ideia de uma discussão interminável (de novo). Terceiro, se não nos sentimos bem cobrando uma multa de quem, no passado, já nos isentou quando fomos nós os faltosos e, portanto, nos vemos na obrigação de agir com reciprocidade (novamente). E assim por diante.

Deve-se, entretanto, enfatizar que "buscar meu interesse" não é (e jamais deve ser) sinônimo de "passar por cima dos interesses alheios". Pelo contrário: qualquer negociador hábil sabe que a forma mais fácil de assegurar os próprios interesses é oferecer aos outros envolvidos aquilo que eles querem e valorizam.

Dessa forma, a busca de um acordo é a tentativa de encontrarmos uma solução que atenda, satisfatoriamente, aos interesses de todos os envolvidos na negociação.

Resumindo, toda negociação tem, pelo menos, dois lados (até mesmo quando "negociamos conosco mesmos", há um conflito interno), dois interlocutores, cada um deles com interesses próprios. As partes são os agentes da negociação e podem ser independentes ou interdependentes. Ou seja, cada parte tem um considerável grau de autonomia de decisão, já que nada pode obrigá-las a fechar um acordo a qualquer custo.

Embora cada uma das partes possa tomar decisões independentes, sem dúvida, essa autonomia é restrita. A decisão de uma parte, frequentemente, é influenciada pelas decisões tomadas pelas demais.

Podemos representar, graficamente, o conceito de negociação, conforme a figura a seguir:

Figura 1
REPRESENTAÇÃO DO CONCEITO DE NEGOCIAÇÃO

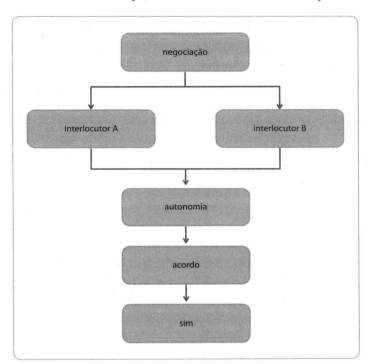

Sim *versus* não

Um aspecto importantíssimo, que precisa ser enfatizado, diz respeito a uma ideia generalizada que pode levar as pessoas a erros significativos.

Ao perguntar a alguém qual é o objetivo de uma negociação, é quase certo de que se ouvirá uma resposta como "chegar a um acordo" ou algo parecido. Pois bem: não é!

Um erro comum que cometemos ao negociar é a busca incondicional pelo acordo, o que nos leva, muitas vezes, a aceitar propostas que deveriam ser rejeitadas. Negociar bem, portanto, é não só conseguir um acordo favorável como também saber identificar e rejeitar acordos desfavoráveis.

Conforme já mencionado, o objetivo de uma negociação é proteger, da melhor forma possível, seus interesses – o que pode significar que, em determinadas situações, o não acordo pode ser preferível ao acordo. Em outras palavras, por achar que o acordo é um fim em si mesmo, é comum alguém acabar cedendo demais e concordando com algo que deveria ser rejeitado.

É fundamental que se tenha clareza quanto ao fato de que, entre um acordo ruim e um não acordo, muitas vezes o último é preferível. Sempre é bom que, uma vez fechado o mau acordo, fecham-se as portas para novas discussões; mas, rejeitando-se aquilo que não nos atende, sempre há a possibilidade de o outro lado reconsiderar e voltar à mesa de discussão. Essa questão deverá ficar mais clara quando for discutido o conceito de alternativas. Mas, por enquanto, fica o alerta.

Dependendo do contexto e do meio cultural, a negociação chega a ser quase um lazer. O interminável processo de pechinchas, em certas culturas, tem mais a ver com um ritual do que propriamente com o anseio de se conseguir um resultado objetivo. Nesse sentido, negociar é buscar um acordo. Chegar ao sim, sem dúvida, é importante. No entanto, negociar bem é também identificar o momento de dizer não. Ao nos precipitarmos na adesão ao acordo, muitas vezes, acabamos fazendo más escolhas.

Ao negociarmos a compra de um objeto qualquer na famosíssima feira do Fna (nos finais de tarde em Marrakesh, Marrocos) ou no Mercado Egípcio de Istambul, o que se espera de qualquer pessoa é que entre no clima e não pague, de imediato, aquilo que o comerciante pede pela mercadoria. O processo de sucessivas ofertas e contraofertas é, praticamente, parte do próprio passeio. Contudo, discutir o preço do Big Mac em qualquer loja da cadeia do McDonald's (até mesmo em Istambul) é pura perda de tempo.

Ciência e arte

Muito se tem discutido sobre negociação ser uma arte ou uma ciência. Howard Raiffa, pioneiro da sistematização do conhecimento sobre negociação, sintetiza essa polêmica no título de seu clássico livro *A arte e a ciência da negociação*.[5]

Ciência é o conhecimento sistematizado, normalmente representado por um conjunto bem-estruturado de modelos e de técnicas. Do lado da ciência, está também toda a sistematização de conhecimentos sobre comportamento humano, contextos específicos em negociação, a mecânica e os rituais pelos quais se converge para um acordo, e assim por diante.

Arte, por sua vez, é algo bem mais fluido e, consequentemente, difícil de definir. Contudo, para simplificar, vamos considerar que arte seja aquilo que se aprende e se aprimora na prática.

O componente arte, no contexto da negociação, é formado por três elementos:

A) Criatividade:

De forma simplificada, pode ser definida como a proposição de novos caminhos, novas soluções, novas ideias.

B) Sensibilidade:

Capacidade de entender o outro, de interpretar seus sentimentos, de saber quando está confortável ou aborrecido, quando está interessado ou entediado... Em síntese, é a capacidade de decifrar pessoas.

C) Intuição:

Esse elemento é, com certeza, o mais difícil de explicar. Vejamos em exemplo:

> Suponha que seu chefe pergunte sobre uma negociação que se arrasta há algum tempo. Você responde:
>
> — Estive pensando, vou fazer tal oferta — justificando-a com alguns argumentos — e creio que ela será aceita.

continua

---
[5] RAIFFA, Howard. *The art and science of negotiation*. Cambridge: Belknap/Harvard, 1982.

> O chefe pergunta:
>
> – Mas por que você acha que essa proposta será aceita?

É quase certo que você não saberá responder, objetivamente, explicando, com clareza, as razões que levaram você a pensar assim. Na verdade, você não consegue explicar sua própria lógica. E o mais interessante é que, na maioria das vezes, acontecerá como você previu. Por quê? Porque a intuição é uma forma de inteligência não estruturada. Você é capaz de tirar conclusões com razoável grau de confiabilidade, mas não é capaz de identificar, claramente, uma linha de raciocínio que leve a elas. Intuição é, enfim, um assunto bastante complexo, que trabalha mais no subconsciente do que no racional.

Entretanto, para efeito de ampliação do sentido dos conceitos de negociação, vamos trabalhar com uma definição simples. Intuição é a capacidade de antever reações alheias, ou seja, mais do que, simplesmente, entender como o outro está se sentindo, significa ter uma ideia mais ou menos clara sobre, por exemplo, como ele reagiria diante de um novo argumento.

A intuição tem como pré-requisito a sensibilidade, ou seja, é impossível prever reações se nem ao menos entendemos o outro. Na verdade, a intuição é um raciocínio não estruturado, que compreende capacidades associativas (como transpor experiências passadas para novas situações) e dedutivas (delinear uma conclusão sobre determinado assunto ou evento), processadas, em geral, de forma inconsciente.

Características da negociação

Características de todas as negociações

Cada negociação é peculiar e única. Podemos trabalhar com um mesmo fornecedor por anos e anos, mas cada rodada de negociação sempre terá algumas novidades, por menores que sejam.

Mesmo aquela que se repete incontáveis vezes tem suas próprias marcas, que a diferenciam das demais. Entretanto, existem três características infalíveis. Toda negociação apresenta, em menor ou maior grau:

A) Assimetria de informações:

A assimetria de informações é, provavelmente, a característica mais esquecida e mais ignorada das negociações. Contudo, nem por isso ela é menos importante. Toda e qualquer negociação tem, inevitavelmente, assimetria de informações. Por mais que haja transparência entre as partes, por mais que as partes proponham a abertura irrestrita de informações, a assimetria está sempre lá, implacável.

Um dos lados sempre tem informações que o outro não tem. Aliás, é comum que os negociadores não abram a totalidade das informações, justamente como forma de se protegerem e de melhorarem suas condições de acordo.

Mesmo as informações de que ambos dispõem tendem a ser interpretadas de forma diferente. Por exemplo, em uma negociação bilateral, ambos leram o jornal pela manhã, mas cada um tirou suas próprias conclusões sobre como vai se comportar o câmbio daqui para a frente.

A assimetria de informações tem alguns pontos particularmente interessantes.

Como regra geral, nenhum dos envolvidos sabe ao certo, mas, provavelmente, tem a ilusão de que sabe:

- Quais as alternativas do outro lado? Seu oponente tem boas opções caso não feche acordo com você?
- Em que medida o outro lado está predisposto a fechar ou não o acordo? Há casos em que pessoas nos procuram meramente para obter uma informação. Aliás, é prática corrente empresas solicitarem uma proposta comercial com o único objetivo de usá-la, posteriormente, para pressionar o parceiro de negócio que já haviam escolhido de antemão.
- Qual o prazo do outro lado? Dependendo de qual seja a situação de prazo para seu oponente, isso pode se transformar em vantagem ou desvantagem no momento de discutir as condições do acordo.
- Qual é sua imagem (pessoal e institucional) perante o oponente: competitividade, honestidade, sinceridade, competência, dentre outros?

A assimetria de informações reduz, substancialmente, as chances de resultados otimizados. Vejamos um exemplo:

Suponha uma situação corriqueira. Você trabalha em uma empresa. Um cliente importante liga e lhe pede: "Preciso de um orçamento para amanhã.".

Produzir tal orçamento é um processo extremamente trabalhoso e você não iria querer desviar-se de outras responsabilidades em troca de nada. O fato é que você não sabe se ele realmente precisa daquilo para amanhã, ou se é mera figura de retórica.

Se você atender o que ele pede, fatalmente, terá de deixar para trás outras coisas que iria fazer nesse curto período – possivelmente, sem nenhum benefício em troca desse esforço extra. Entretanto, se você não atender, poderá perder aquele cliente importante, inclusive com possibilidade de sofrer danos de imagem e de ter problemas futuros – ou seja, a perda, possivelmente, não se limitará a esse evento isolado. Como proceder?

A primeira medida racional seria reduzir a assimetria de informações. Mas como?

A maioria das pessoas pensaria em perguntar ao cliente "Mas você precisa mesmo para amanhã?", e a resposta, em 100% dos casos, será "Sim, sem dúvida!". O problema é que se sabe *a priori* que, em alguns casos, isso é verdade, em outros (provavelmente, na maioria deles), não.

O grande problema é que perguntas óbvias não ajudam a estreitar a assimetria de informações. A chave para reduzir a assimetria de informações está em fazer boas perguntas.

Uma boa pergunta, para o exemplo citado, seria "Estou muito atarefado nestes próximos dias. Se eu lhe entregasse esse orçamento daqui a 15 dias, como ficaria?".

continua

Note bem: você não disse "Faço." e não disse "Não posso fazer.". Em vez disso, plantou uma dúvida, que será esclarecida a seu favor.

A resposta, em grande parte dos casos, será algo como "15 dias? É demais! Não dá pelo menos para a semana que vem?". Observe que essa resposta já deu o tom: se o cliente diz que precisa "para a semana que vem", possivelmente ele não precisa nem sequer para daqui a 15 dias. Mas, se você perguntar "Tem mesmo que ser para amanhã?", ele fatalmente responderá sim.

Em síntese, o ideal é fazer perguntas que não possam ser respondidas com um simples "sim" ou "não". Por exemplo, para checar as possíveis alternativas, uma boa pergunta é "No momento, estamos trabalhando praticamente no limite, não sei se conseguiremos assumir mais esse compromisso. Se, desta vez, não pudermos atender seu pedido, que tipo de problema você teria?". Note que, uma vez mais, você não disse nem "sim", nem "não" – e novamente plantou a dúvida.

Se a resposta for algo como "Ah, tudo bem, daremos um jeito.", pode-se apostar que o cliente está apenas sondando e talvez até mesmo já havia decidido, *a priori*, fechar negócio com um concorrente seu. Mas, se a resposta for um "Ah, não dá mesmo? Nem se for parceladamente? Tente dar um jeito, mesmo que seja para fazer horas extras.", já estará sinalizado que o cliente não só está bastante interessado como possivelmente não tem boas alternativas.

B) Fatores intervenientes:

Mesmo a mais tranquila e transparente das negociações sempre é influenciada – ainda que de forma discreta – pelos "fatores intervenientes", que compreendem a parte menos racional da busca do acordo. À medida que tais fatores intervenientes crescem, aumenta o potencial de impacto negativo para todos os envolvidos.

E o que são esses fatores intervenientes? São três elementos que estão presentes em todas as negociações, inevitavelmente, e que podem dificultar bastante o processo como um todo. São eles: percepções, emoções e comunicação. Esse assunto será tratado em mais detalhe quando se discutir o Método de Harvard. Por ora, vejamos uma breve descrição de cada um desses elementos.

Percepções são as "lentes" por meio das quais cada um de nós vê o mundo, os outros e a si próprio. Em menor ou maior grau, essas percepções diferem da realidade objetiva. Não é uma questão de "se", mas sim de "quanto" algum viés é inevitável. O problema é que não agimos de acordo com os fatos, mas de acordo com nossas percepções. Por exemplo, se desconfiamos de alguém (mesmo que tal desconfiança não tenha nenhum fundamento), tendemos a ocultar informações, dissimular nossas intenções, etc. – não porque sejamos gente de mau caráter, mas simplesmente porque acreditamos que, dessa forma, nos protegemos de eventual prejuízo que venha a ser causado por aquela pessoa.

O problema é que essa postura dificulta o processo de acordo e, mesmo que nosso interlocutor esteja com a mais legítima boa vontade, não damos muito crédito ao que ele diz ou ao que propõe e, ainda por cima, tentamos fazer uma leitura muito crítica, procurando identificar onde está a "pegadinha" – que, na maioria das vezes, existe apenas em nossas mentes. No extremo oposto, se achamos que alguém merece nossa confiança (mesmo que isso não seja verdade), abrimos informações, compartilhamos opiniões, etc. – o que pode ser danoso no resultado final.

Emoções são o segundo elemento. O ser humano (mesmo o mais empedernido) é movido a emoções. Sentimos raiva, ficamos alegres, simpatizamos e antipatizamos, sentimo-nos ofendidos ou recompensados. Sentimos medo, insegurança. Geralmente, uma palavra mal interpretada causa mágoas profundas. Por exemplo, um comentário sobre a responsabilidade do usuário de drogas pela violência urbana pode fazer com que alguém que tenha um filho usuário sinta-se pessoalmente ofendido com a "indireta" – mesmo que nem passe por nossa cabeça que ele tenha um filho dependente de drogas. O exemplo vale para incontáveis situações: é comum as pessoas interpretarem comentários inocentes e soltos como se fossem ofensas pessoais, criando-se um clima pesado – o que, por vezes, chega a impedir a continuidade das conversações.

O terceiro elemento é a comunicação. O ser humano se comunica de diversas formas: o que fala (que é o que menos importa), como fala e o que faz (que é o que mais comunica). Por exemplo, um pai que diz aos filhos que não se pode mentir, mas que pede à esposa "Diga que não estou." quando alguém o procura ao telefone, está transmitindo um modelo de comportamento não pelo que diz, mas pelo que faz. Não bastasse isso, a comunicação é afetada por vários outros fatores, tais como contexto cultural (as expressões nem sempre têm o mesmo sentido em diferentes meios), idioma (palavras iguais podem ter sentidos e ênfases diferentes), etc. É comum, por exemplo, ocidentais acharem que os orientais estão gostando e concordando com o que ouvem, visto estarem sorrindo – sem levar em conta que tal atitude, para um oriental, significa meramente ser educado, sem nenhuma ligação com estar ou não de acordo com aquilo que ouve.

Em certas circunstâncias, os fatores intervenientes podem criar uma espiral de irracionalidade e chegam a inviabilizar acordos muito simples. Quaisquer que sejam o processo de negociação, o contexto, o relacionamento entre os negociadores, os fatores intervenientes estão sempre lá, em menor ou maior grau.

C) Comportamento emotivo:

Às vezes, fazemos análises e tomamos decisões não racionais – especialmente nos momentos em que nos encontramos mais sensíveis. Por exemplo, devido à pressão por encontrar rapidamente a solução para o problema que está na pauta de negociação, tendemos a adotar comportamentos emotivos, tais como agressividade imotivada, atitudes defensivas, crises de choro, etc.

O problema é que o comportamento emotivo tende a ser malrecebido pelo outro lado, provocando reações como retração, nova agressividade, desprezo por nós, entre outras. Com isso, perdemos a objetividade daquilo que estávamos negociando.

Porém, evidentemente, não há como "desligar" as emoções: somos humanos e não há como ignorar isso. O ideal, portanto, é aceitar que as emoções são parte do processo e evitar que saiam do controle.

Falhas na comunicação

Involuntariamente ou não, as comunicações entre pessoas tendem a ser truncadas e incompletas, gerando mal-entendidos. Um dos principais motivos de problemas em negociações repousa nos pressupostos que não chegaram a ser discutidos adequadamente.

Cada um dos envolvidos toma como verdade algo que, sob seu ponto de vista, foi "dito" e "combinado" e, quando o outro age diferentemente, imaginamos que tenha havido uma quebra do compromisso. Na realidade, cada um interpretou seu papel de uma forma, e – ao contrário do que possa parecer à primeira vista – ambos talvez tenham agido de forma ética e correta.

Um exemplo: duas empresas estão discutindo um contrato de manutenção de máquinas. Pequenos detalhes (como será tratado o caso de avaria por imperícia?) podem gerar enormes confusões depois de fechado o contrato, que não explicita nada a respeito. A contratante, certamente, entenderá que isso é decorrente de "uso normal", uma vez que erros acontecem. Provavelmente, a contratada se sentirá desobrigada a arcar com o conserto, por considerar que o defeito não decorre do "uso normal".

Estresse

Na realidade, não existe negociação sem desgaste de todos os envolvidos. Às vezes, esse estresse é muito agudo; em outras, mais discreto. Contudo, ele sempre estará inevitavelmente presente.

Em qualquer que seja a negociação, desde uma simples conversa com os filhos até uma discussão de um contrato de vários milhões, há três fatores que atuam como geradores de estresse, quais sejam:

A) Incerteza:

O primeiro fator gerador de estresse é a *incerteza*, que é consequência direta de nossa imprevisibilidade como seres humanos. Mesmo no caso de pessoas com quem convivemos por longos anos, nunca sabemos ao certo qual será seu próximo passo.

Por exemplo, a mesma pessoa que reagiu de forma bem-humorada a uma brincadeira feita ontem pode mostrar-se ofendida com a mesma brincadeira hoje, sem que consigamos sequer ter a mínima ideia do motivo de tal mudança de comportamento. De fato, pessoas são imprevisíveis por natureza. E, quando dizemos "pessoas", incluímos cada um de nós.

B) Cobrança externa:

Devemos satisfação por nossos atos – ora formalmente, ora informalmente –, seja para nossos superiores, nossos subordinados, nossos amigos, nossos vizinhos, nossas famílias. Muitas vezes, estamos propensos a aceitar um acordo, mas desistimos do negócio quando pensamos em como isso precisaria ser justificado para nossa equipe. Outras vezes, não queremos aceitar algo, mas acabamos cedendo porque não queremos criar constrangimentos com terceiros – chefe, família, amigos, colegas de trabalho, etc.

Em geral, prevemos que a cobrança externa será desagradável e, por conta disso, desistimos do negócio ou do acordo ou, ao contrário, aceitamos algo que nos causará enorme constrangimento, simplesmente prevendo a cobrança externa. O mais interessante é que a cobrança externa, na maioria dos casos, não se materializa: era apenas um fantasma em nossas mentes.

Pense, por exemplo, quantas vezes você fez ou deixou de fazer algo pensando em seus pais, imaginando o quanto eles se magoariam se você agisse ao contrário, mas, logo em seguida, percebeu que isso não teria feito a menor diferença para eles. Ou seja, pautamos nossas decisões diante da perspectiva de que teremos de explicar nossas atitudes. Entretanto, nem sempre somos chamados a dar explicações, mesmo que informalmente.

C) Autocobrança:

Autocobrança equivale àquilo que temos como expectativa de resultado na negociação. A maioria de nós estabelece, para cada negociação, suas próprias metas e seus próprios parâmetros de sucesso. Porém, não raro, aquilo que estabelecemos como expectativa encontra-se fora das possibilidades.

Coleção Gestão empresarial

A autocobrança está intimamente ligada a processos de autoestima e autoimagem e, frequentemente, sobrepõe-se até mesmo aos aspectos mais objetivos da negociação. Dessa forma, durante a busca do acordo, a autocobrança, muitas vezes, faz com que não nos contentemos com o resultado obtido, simplesmente porque não estamos satisfeitos com tal resultado – apesar de ele ser até bom. Consequentemente, acabamos por recusar acordos que, em tese, deveriam ser aceitos.

Quando se recusa um acordo, com evidente prejuízo para si próprio, o negociador racionaliza sua atitude, usando para si mesmo uma pseudo-justificativa como: "É, eu saí perdendo, mas o outro perdeu ainda mais do que eu.". Esse argumento não resiste a mais elementar análise; afinal, o sucesso se mede pelo resultado obtido, não pelo tamanho proporcional das perdas.

Exemplos típicos podem ser observados no dia a dia. Quem não conhece alguém que deixou de vender um carro usado porque ele "estava melhor que a média" e "valia mais que o preço de tabela"? Ou, citando outra situação típica, deixa-se de vender algo (por exemplo, um computador usado) porque ofereceram muito menos do que ele supostamente vale – e, em seguida, o aparelho fica encostado em uma prateleira da garagem, até que seja jogado fora.

Aspectos tangíveis das negociações

Negociamos, em geral, para suprir nossas necessidades, independentemente de sua natureza. Negociamos a compra de uma casa, a venda de produtos e serviços, a transferência de *know-how*, a concessão de uma franquia, mais tempo para executar uma determinada tarefa, etc.

Quando negociamos, temos em mente algumas metas bem claras – embora haja outros itens que valorizamos, mas que não são tão evidentes. Entre as metas claramente identificáveis, podemos citar a substância da negociação:

- quando procuramos uma casa, esperamos conseguir comprar ou alugar o imóvel;
- quando discutimos com nossos pais sobre o baile de sexta à noite, existe a expectativa de assegurar o passeio;

- quando disputamos uma nova posição no trabalho, queremos garantir o cargo pleiteado.

Ou seja, o negociador está interessado – pelo menos em princípio – em assegurar aquilo que negocia.

Vantagem pecuniária

Qualquer que seja a negociação (independentemente da posição que se ocupa ou do papel que se desempenha no processo de busca do acordo), em geral, procuramos obter a chamada vantagem pecuniária. Na maioria das vezes, vantagem pecuniária revela-se na forma de uma expressão monetária (isto é, comprar pelo mínimo ou vender pelo máximo) e materializa-se em menor ou maior preço, menor ou maior prazo, menos ou mais serviços pelo mesmo preço (por exemplo, um prazo de garantia estendido para um equipamento que se adquire), ou ainda em alguma outra forma mensurável de benefício.

Vantagem pecuniária significa que, além de conseguir a substância, o negociador obtém maior benefício quantificável.

Relacionamentos duradouros

A maioria das negociações ocorre entre pessoas que mantêm um relacionamento contínuo, que se estende pelo tempo. Negociadores mais experientes sabem que preservar relacionamentos não é exatamente uma questão de ser "bonzinho", mas uma garantia de que, nas próximas rodadas, o interlocutor vai ter um comportamento mais contributivo.

Isso quer dizer que, frequentemente, compensa abrir mão de uma parcela do ganho pecuniário em nome de um relacionamento mais sólido, pois esse processo pode ser encarado como um investimento. Ou seja, aquilo de que abrimos mão hoje pode nos trazer retornos materiais no futuro – geralmente, maiores do que a renúncia presente.

Talvez a síntese desse pensamento possa ser expressa na seguinte frase: "Seja egoísta, faça concessões!". O que, à primeira vista, parece ser um paradoxo – o egoísta não faz nenhuma concessão, pois quer tudo para

Coleção Gestão empresarial

si – é, na verdade, um raciocínio irretocável: à medida que deixamos os outros felizes e gratos, nossa chance de obter bons resultados aumenta. Especialmente em relacionamentos constantes (por exemplo, com um prestador de serviços, com um fornecedor de matéria-prima ou com o zelador do prédio em que moramos), é fundamental fazer com que a pessoa com quem nos relacionamos tenha apreço por nós. Lembre-se: se você tratar bem seu fornecedor, ele se sentirá na obrigação de fazer o melhor por você, não raro, inclusive, oferecendo vantagens e benefícios que você nem sabia que existiam. Em contrapartida, se você o tratar com arrogância ou descaso, ele pode até continuar sendo seu fornecedor por muitos anos, mas nunca se empenhará além do que julga ser o mínimo necessário para mantê-lo como cliente... e basta que ele arrume outro cliente, não hesitará em parar de atender você.

Redução do estresse

Negociadores mais experientes tendem a ser bastante pragmáticos no sentido de controlar o desgaste pessoal em uma negociação. E por que é importante evitar o estresse?

O primeiro motivo é que, sob estresse, a razão desaparece. Em outras palavras, quando o estresse aumenta, cresce a probabilidade de serem tomadas decisões das quais nos arrependeremos profundamente – seja rejeitando algo que deveria ser aceito, seja concordando com algo que deveríamos recusar.

O segundo motivo – e talvez mais importante – é que, sob estresse, aumenta, exponencialmente, o risco de dizermos algo que causará sérios problemas de relacionamento. O estresse tende a eliminar todos os freios que temos para não ofender as pessoas. Palavras que jamais diríamos em condições normais são faladas e repetidas sob estresse. Acusações injustas, infundadas e profundamente ofensivas são feitas quando estamos sob estresse. Magoamos pessoas a quem queremos bem simplesmente por perdermos o controle do raciocínio e da fala. E, depois que algo já foi dito, não adianta tentar aquela saída "Mas não foi isso que eu quis dizer...". O estresse é, enfim, um poderoso "triturador de relacionamentos" – frequentemente, com danos irreversíveis.

Então, quando percebemos que a situação está começando a ficar difícil, o melhor a fazer é encontrar uma forma de suspender a discussão. Propor uma parada para tomar um café, pedir licença para ligar para o chefe, pedir uma pausa para ir ao banheiro ou lançar mão de qualquer outro pretexto para que ambos possam se acalmar e voltar a pôr a cabeça no devido lugar.

Controlamos o desgaste emocional na negociação quando, conscientemente, abrimos mão de parte da vantagem pecuniária, tendo em vista os casos em que os ganhos adicionais mostram-se pequenos se comparados ao estresse extra que seria necessário para obter esse benefício marginal.

Devemos priorizar objetivos, pois, por terem mais de uma alternativa, os negociadores experientes estão sempre dispostos a abrir mão de alguma vantagem na negociação, em troca de menor desgaste – próprio e também da relação.

Em outras palavras, o negociador, frequentemente, define a hora certa de parar, levando em conta não apenas o que ainda poderia obter em termos de ganhos pecuniários, mas, acima de tudo, o fato de que é mais produtivo poupar-se para outras demandas mais importantes. Ainda que o negociador hábil tenha uma razoável tolerância ao estresse, é sempre preferível evitá-lo, principalmente porque, quanto maior a pressão, maior a tendência de cometer erros – às vezes, irreversíveis.

Cada caso é um caso...

Temos dificuldade de hierarquizar a tangibilidade dos objetivos, pois as pessoas têm suas diferentes preferências. Por exemplo, há aqueles que estão sempre dispostos a abrir mão de alguma vantagem pecuniária em nome de preservar intacto um relacionamento; ao passo que há aqueles que dão mais valor aos números do que às relações interpessoais.

Há ainda outro aspecto: uma mesma pessoa, em geral, apresenta diferentes preferências conforme se envolve em novas situações e negocia com diferentes interlocutores. Ou seja, aquele mesmo sujeito que dá um enorme valor aos relacionamentos pode, em um caso particular, achar que não seria tão ruim gerar algum desgaste.

A opção pelo desgaste depende, entre outras coisas, do contexto e do apreço que temos pela pessoa com quem negociamos. Por exemplo,

Coleção Gestão empresarial

ao emprestar algum dinheiro para o próprio filho, é comum que um pai ou uma mãe estejam muito mais focados no bem-estar da pessoa que amam, ficando, em segundo plano, o valor do dinheiro em si, o rendimento, a forma de pagamento. Contudo, essa mesma pessoa, ao discutir com o gerente do banco qual será o rendimento de sua aplicação, tenderá a ser muito mais pragmática, no sentido de assegurar a melhor rentabilidade para seu dinheiro.

Finalmente, o negociador pode mudar de comportamento quando a relação se desgasta ou evolui positivamente. À medida que o tempo passa, ao tratar com seu interlocutor, ele pode-se tornar menos ou mais focado no relacionamento.

Satisfação dos envolvidos

Damos pouco valor a um aspecto absolutamente essencial nas negociações: a satisfação dos envolvidos.

Por mais estranho que isso possa parecer, a satisfação subjetiva assume um papel até mais importante do que qualquer aspecto objetivo.

Para ilustrar o que vem a ser satisfação dos envolvidos, vejamos uma história:

A esposa mostrando uma foto em uma revista:

– Veja, meu bem. Isso ficaria perfeito em nossa nova casa!

– É mesmo, mas isso aqui é apenas a foto da casa de uma pessoa. Não está à venda.

Passam-se alguns dias. Em um final de semana, o casal passa por uma casa em cuja fachada lê-se o anúncio: "Família mudando vende tudo".

---

continua

Por mera curiosidade, sem nenhum interesse específico, os dois resolvem dar uma olhadela e, logo na entrada, percebem que se trata de uma família de bom gosto. Tudo em bom estado, com uma etiqueta indicando o preço: quadros, esculturas, pratarias, móveis.

– Amor, olha lá... naquele canto! Um móvel igual àquele da revista... Vamos lá... Vamos ver o preço!

– Não tem etiqueta...

– Quanto será???

O único jeito seria perguntar para o dono da casa, mas, por precaução, o casal resolve conversar antes de falar com ele.

Avaliam o móvel, seu interesse, o quanto poderiam pagar e chegam à seguinte conclusão:

– Pagamos até R$ 1.200,00. Nem um centavo a mais!

Cabe aqui uma observação maldosa: provavelmente, as duas pessoas do exemplo estão mentindo para si, pois, certamente, estariam dispostas a pagar mais, talvez substancialmente mais. Contudo, o combinado foi R$ 1.200,00.

Esposa: – Se ele pedir R$ 1.201,00, não compraremos... certo?

Após esse acordo, o casal se aproxima do dono da casa, faz um elogio a seu bom gosto e pergunta por que ele está vendendo tudo.

continua

> Recebem como resposta que a família vai passar alguns anos no exterior e que, por isso, acharam melhor se desfazer de tudo para evitar gastos com mudança.
>
> Marido: – E aquele móvel ali no canto, sem etiqueta?
>
> Dono da casa: – Aquele ali? Não está à venda. É um bem de família. Era de minha bisavó, veio da França. Carvalho francês legítimo...
>
> Marido: – Que pena! Estávamos procurando um móvel como esse...
>
> Dono da casa: – Nesse caso, talvez eu até venda... Façam uma oferta!
>
> Sem saber quanto devem oferecer, o casal vai conversar do lado de fora da casa. A primeira ideia é oferecer R$ 300,00, mas ela logo é abandonada, pois poderia deixar o vendedor aborrecido, fazendo com que ele não vendesse mais, por preço nenhum. Depois de alguns minutos, decidem que oferecer de saída os R$ 1.200,00 poderia ser insensato, pois o dono poderia pedir mais.
>
> Depois de algumas idas e vindas, o casal resolve fazer uma oferta inicial de R$ 900,00.
>
> Combinam então que, enquanto ele fala com o dono da casa, ela ficará no jardim, esperando para evitar que acabem comprando por impulso.

Vejamos o primeiro desfecho possível:

> Marido: – E então, você não quer mesmo dar um preço para seu móvel?
>
> Dono da casa: – Não, eu nem estava pensando em vendê-lo... mas posso reconsiderar já que vocês gostaram tanto dele.

continua

Negociação

> Marido: – Nós não temos muita noção. Bem, pensamos em algo como R$ 900,00.
>
> O dono da casa responde de imediato:
>
> – É seu! Pode fazer o cheque agora!
>
> Resultado: aquilo que era um objeto de desejo transforma-se, instantaneamente, em algo sem graça, algo que, provavelmente, não será valorizado pelo casal.

Vejamos agora um segundo desfecho possível:

> Marido: – E então, você não quer mesmo dar um preço para seu móvel?
>
> Dono da casa: – Não, eu nem estava pensando em vendê-lo, mas posso reconsiderar já que vocês gostaram tanto dele.
>
> Marido: – Nós não temos muita noção. Bem, pensamos em algo como R$ 900,00.
>
> Dono da casa: – Que mal pergunte, você quer mesmo comprar o móvel ou está apenas fazendo uma proposta para ver no que dá?! É antigo, veio da França, está com minha família há mais de 100 anos. Vale, no mínimo, R$ 5 mil. Como é que você me oferece só R$ 900?
>
> Segue-se uma longa discussão. Alguns minutos depois, ele vai ao encontro de sua esposa, que imediatamente lhe pergunta:
>
> – E aí, ele vendeu?

continua

Fazendo ar de mistério, o marido responde:

– É... deu um certo trabalho, mas é nosso!

Esposa: – Quanto foi?

Marido: – Não importa. Comprei para você! Presente de aniversário de casamento.

Esposa: – Ah, meu bem... Diga, vai?

E ele, beijando-a, diz:

– Quer mesmo saber quanto foi?

Esposa: – Claro... Diga logo!

Marido: – Então eu vou dizer: custou muito menos do que você merece!

Esposa: – Ah, pare com isso. Diga de vez, diga!

Marido: – Bem... Ele queria R$ 5 mil. Mas, depois de muita conversa, acabou fazendo por 12 cheques de R$ 250,00.

Esposa: – Ei! Mas isso dá R$ 3 mil! É duas vezes e meia o limite do que havíamos combinado! Por que você pagou tanto?

Marido: – Eu vi nos seus olhos o quanto você gostou. Queria dar-lhe de presente e sei que você merece muito mais que isso. É uma raridade, veio da França, tem mais que 100 anos.

continua

> Esposa: – Ah, mas foi caro demais, não me sinto bem em gastar tanto.
>
> Marido: – Ah, eu queria tanto dar-lhe um presente que eu sei que você quer. Fale a verdade: você quer, não quer? E são só R$ 250 por mês. A gente nem vai sentir! Quando você perceber, já acabamos de pagar!
>
> Esposa: – Não é que o dinheiro vá fazer falta, mas não gosto de exageros.
>
> Marido: – Ah, eu queria dar-lhe um presente especial pelo nosso aniversário de casamento. Mas, não se preocupe, eu combinei com o vendedor que, se você não quisesse, o negócio estaria desfeito. Então, eu vou lá e digo para ele que não vamos comprar.
>
> Esposa: – Ah, também não é assim, aquele móvel é lindo de morrer.
>
> A nova aquisição passa então a ter um valor especial para o casal, que sai feliz da vida!

Examinemos, agora, esse episódio sob o olhar do comprador.

No exemplo do casal que compra o móvel pagando mais que o dobro, eles se sentem felizes. Mas, pagando 25% menos do que haviam definido, eles se sentem aborrecidos.

Seria um sinal de que o casal é insensato, que gosta de jogar dinheiro fora? Ou, quem sabe, que dá valor ao que custa caro e despreza o que custa pouco? Certamente, não! É o mesmo objeto, comprado pelas mesmas pessoas, no mesmo momento, do mesmo vendedor!

Observemos o que aconteceu no exemplo citado para depois tentarmos entender como as diferentes posturas se explicam.

No primeiro desfecho, o casal foi apanhado pela desagradável sensação de ter feito um mau negócio, e há aquela dúvida que atormenta: "Ele teria vendido até por R$ 500,00!".

No segundo desfecho, fica a percepção de que, pensando bem, sorte foi uma ótima compra, pois ele queria vender o móvel por R$ 5 mil.

Contudo, vale lembrar: é o mesmo objeto, o mesmo casal e o mesmo vendedor. Exceto o preço – que, teoricamente, sendo mais baixo, deveria deixar mais feliz o casal comprador –, a única coisa que mudou foi o processo de negociação.

Examinaremos agora o caso pelo lado do vendedor. No primeiro desfecho, ele recebe pouco. No segundo desfecho, ele recebe muito pelo mesmo objeto. Curiosamente, além de receber mais no segundo desfecho, ele também fez com que o casal comprador ficasse mais feliz.

Ou seja, ao contrário do senso comum, é possível conseguir mais na substância e – o que talvez seja mais importante –, ainda assim, deixar o outro lado satisfeito – não raro, muito mais satisfeito.

Esse exemplo talvez traga luz a uma das mais importantes quebras de paradigma sobre negociação...

Por mais que possa parecer contraintuitivo, como regra geral, as pessoas estão menos preocupadas com os aspectos objetivos do que com os subjetivos.

Isso é inacreditável à primeira vista, mas, quando analisamos a questão mais de perto, fica nítido que, no fundo, a negociação é encarada, pela maioria das pessoas, como parte de seu processo de autoestima.

Oferta e contraoferta

Também no ambiente de negócios, se aceitamos uma proposta logo de saída, ficará presente, para o outro lado, o fantasma do mau negócio. Qual é a percepção do contratante na negociação a seguir?

A empresa Metais Ferrosos Ltda. está contratando serviço de segurança patrimonial. Faz uma pesquisa e conclui que, para aquele contexto, o valor médio seria de mais ou menos R$ 55 mil mensais. O presidente daquela empresa recebeu uma recomendação de um amigo, que contratara tal serviço da firma Solid Rock, dizendo-lhe: "É mais caro que a média, mas realmente vale a pena, pelo serviço que prestam.".

continua

> A firma solicita então à Solid Rock uma proposta e recebe um orçamento de R$ 50 mil mensais. Sendo assim, o Gerente de Compras chama a Solid Rock para uma conversa e propõe pagar R$ 45 mil mensais. A resposta vem de imediato "Fechado. Assine aqui!", já com um papel e uma caneta em mãos.

Nesse mesmo caso, se o prestador de serviços rejeita a contraoferta – diz que não é possível fechar o negócio desse modo, que já está operando na margem – e, depois de muita conversa, deixa por um valor situado entre a proposta inicial e a contraoferta, qual será, no fechamento do acordo, a percepção do contratante?

Esse é um ritual particularmente verdadeiro em nosso contexto cultural. Existe uma expectativa não declarada de que o outro lado deve sempre fazer, pelo menos, uma contraoferta.

Se isso não acontece, a pessoa que teve sua proposta aceita de imediato tende a ficar com aquele gosto amargo, aquela percepção de que poderia ter conseguido mais. Muito pior é aquela sensação de "Agi como um tolo ao fazer aquela proposta inicial.". Consequentemente, sente-se diminuído, com a desagradável sensação de "ter feito papel de bobo".

Satisfação pessoal

Observados certos limites, às vezes um tanto elásticos, tendemos a dar mais valor à satisfação pessoal do que à vantagem pecuniária. A maioria de nós se sente melhor pagando um pouco mais ou recebendo um pouco menos, desde que isso seja uma contrapartida para a satisfação – na maioria das vezes, ilusória – de nos vermos conseguindo um bom desempenho na negociação.

Ou seja, ao contrário daquele ditado jocoso que preconiza que o bolso é o órgão mais sensível do corpo humano, na verdade, nosso órgão mais sensível, ao que tudo indica, é o *ego* – podemos até perder dinheiro, mas jamais perdemos a pose. Isso é paradoxal, mas é verdade.

Talvez grande parte do esforço que empreendemos em negociações esteja direcionado para o foco errado, uma vez que pouco pensamos nas questões que são mais sutis e menos evidentes.

Logo, se entendermos essas sutilezas, seremos muito mais eficazes na substância e nos aspectos pecuniários da negociação, o que, sem dúvida, contribui para reforçar o sentimento de satisfação do outro lado.

Autoavaliações

Questão 1:

Em nosso cotidiano, a todo momento, somos chamados a negociar. Embora cada negociação seja única, há características comuns a todas elas. Dessa forma, **não** podemos considerar como característica comum a todas as negociações:

a) as falhas na comunicação.
b) a simetria de informações.
c) o comportamento emotivo.
d) a assimetria de informações.

Questão 2:

Apesar de parecer, não se pode definir negociação em apenas um conceito. Podemos apontar como uma das possíveis definições para negociação:

a) a compra pelo mínimo e a venda pelo máximo possível.
b) um processo de comunicação direcionado e racional que ocorre quando duas ou mais partes desejam algo em comum.
c) um processo interativo de duas ou mais partes mutuamente dependentes, que têm pouca autonomia de decisão, cada uma delas interessada na busca de soluções que assegurem os interesses recíprocos da melhor forma possível.
d) um processo interativo de duas ou mais partes independentes ou interdependentes, que têm autonomia de decisão, cada uma delas interessada na busca de soluções que assegurem seus próprios interesses da melhor forma possível.

Questão 3:

A assimetria de informações é um fenômeno presente em qualquer negociação.

Esse fenômeno ocorre principalmente porque os negociadores:

a) prezam pela transparência.
b) têm sempre uma agenda oculta.
c) preferem fazer acordos baseados em especulação.
d) tendem a interpretar uma mesma informação de forma diferente.

Questão 4:

A satisfação dos envolvidos é um aspecto absolutamente essencial nas negociações.

Apesar de parecer contraintuitivo, como regra geral, a satisfação está menos relacionada com os aspectos objetivos do que com os aspectos:

a) culturais.
b) subjetivos.
c) pecuniários.
d) dissertativos.

Questão 5:

Uma proposta aceita na primeira oferta influencia a satisfação subjetiva de alguma das partes da negociação.

Se, logo de saída, A aceita uma proposta de B:

a) A é um excelente negociador.
b) B tende a desconfiar que não fez bom negócio.
c) A certamente está levando vantagem pecuniária.
d) B comemora, já que sua proposta foi tão bem aceita.

Questão 6:

É comum, na negociação, o foco nas vantagens pecuniárias.
Esse tipo de vantagem consiste em:

a) evitar o estresse durante a negociação.
b) ter um comportamento mais receptivo.
c) assegurar a qualidade daquilo que se negocia.
d) comprar pelo mínimo ou vender pelo máximo.

Coleção Gestão empresarial

Questão 7:

Os fatores intervenientes são comuns a todo e qualquer tipo de negociação.

Tais fatores se traduzem, entre outros, em:

a) falhas na comunicação e estresse.
b) falhas na comunicação e assimetria de informações.
c) comportamentos emotivos e falhas na comunicação.
d) comportamentos emotivos e assimetria de informações.

Questão 8:

Como sabemos, negociação é um processo interativo de duas ou mais partes independentes ou interdependentes, que têm autonomia de decisão, cada uma delas interessada na busca de soluções que assegurem seus próprios interesses da melhor forma possível.

O acordo entre as partes:

a) pode ser inviável, dependendo das propostas.
b) é uma decisão a ser tomada pela parte que iniciou a negociação.
c) é válido somente se as partes negociadoras não tiverem agenda oculta.
d) é o principal objetivo de uma negociação e deve ser obtido a qualquer custo.

Negociação

Questão 9:

Os bons negociadores tendem a preservar o relacionamento com seus interlocutores, aumentando assim as chances de melhores acordos no futuro.

Na negociação, uma das estratégias que podem ajudar a preservar o relacionamento entre as partes é:

a) evitar a assimetria de informações.
b) abrir mão de uma parcela do ganho pecuniário.
c) avisar a outra parte quando desconfiar que ela está sob efeito plateia.
d) interromper o interlocutor a qualquer sinal de estresse por parte dele.

Questão 10:

Nas negociações, quaisquer que sejam, há sempre um grau de desgaste entre os indivíduos.

Entre os fatores que atuam na geração de estresse, podemos destacar como principal o seguinte:

a) preço.
b) incerteza.
c) concentração.
d) racionalidade.

Módulo II – Condução da negociação

Módulo II – Condução da negociação

Neste módulo, apresentaremos um modelo conceitual para o processo de negociação. Veremos que, a partir do correto entendimento do ambiente, podemos delinear táticas de ação que tenham maior probabilidade de sucesso. Trabalharemos, a seguir, com as alternativas possíveis a um acordo.

Refletiremos ainda sobre um dos aspectos mais interessantes em negociação que é o jogo com a plateia. Aqui, veremos que ou a plateia exerce uma influência muito discreta ou o acordo propriamente dito chega a ser irrelevante, e o grande interesse consiste em mostrar para os outros um bom desempenho.

Finalmente, concluiremos que existem negociações com somente duas partes, mas que há também casos em que os acordos envolvem múltiplas pessoas diretamente sentadas à mesa, por vezes, negociando em seu próprio nome, às vezes, como representantes de terceiros.

Esse modelo não se pretende completo e definitivo. Ele foi formulado com a finalidade de nos auxiliar a compreender as forças internas e externas que influenciam o processo decisório de todos os envolvidos em uma negociação.

Modelo conceitual

Sentar-se à mesa

Em negociação, utilizamos a metáfora "sentar-se à mesa" como uma representação do ato de negociar. Uma negociação envolve, pelo menos, dois indivíduos, cada um com seus interesses, seus estilos pessoais, seus anseios, seus objetivos, seus medos e suas expectativas.

Qualquer texto básico sobre negociação dirá que, se quiser ser bem-sucedido, o negociador deve atentar não só para seus próprios interesses como também para o interesse do outro lado.

Obviamente, isso é verdade. Contudo, provavelmente, não será suficiente olhar apenas para os interesses das pessoas que se encontram visíveis no primeiro plano da negociação. Há muitas negociações que envolvem mais de duas partes que se comunicam diretamente na busca do consenso.

O problema de praticamente todos os modelos conceituais sobre negociação repousa no fato de que eles se restringem a "olhar para a mesa", isto é, para os dois ou mais sujeitos que se encontram à frente da discussão.

Salvo negociações simples e pontuais, na maioria das vezes, as principais implicações de uma negociação estão "além da mesa" – ou seja, grande parte do processo desenrola-se em outros palcos e com outros atores.

O primeiro palco que se encontra nos bastidores é aquilo que, genericamente, será chamado de *nosso grupo*. Esse grupo representa as pessoas (ou uma única pessoa) a quem, gostemos ou não, prestamos contas sobre nossos atos e nossas decisões.

Prestação de contas

A *prestação de contas* nem sempre é um ato formal e não necessariamente envolve qualquer relacionamento de subordinação ou hierarquia. Algumas pessoas a quem prestamos contas podem ser:

- para um amigo de clube – a necessidade de justificar por que vendemos nosso carro tão barato, ou por que aceitamos, passivamente, a multa que nos foi imposta em consequência de uma atitude infantil de nossos filhos;

- para nossa família – por que não recusamos o novo cargo que nos obrigará a trabalhar em dobro;
- para colegas de trabalho – discutindo com o gerente de produção os prazos que estamos propondo para a entrega de um lote que será exportado, ou tentando convencer nosso chefe de que o desconto a ser concedido para aquele cliente é um bom negócio para a empresa.

A partir do momento em que levamos em conta que devemos dar satisfação aos outros em relação a nossos atos, nosso processo decisório é afetado. Nossa atitude à mesa de negociação é influenciada por pessoas que não estão presentes e, provavelmente, nunca estarão nem participarão diretamente das discussões.

Quando nos encontramos à mesa de negociação, a decisão não é mais tomada apenas com base em nossas ideias e em nosso julgamento. Pelo contrário: algumas coisas que aceitaríamos passam a ser rejeitadas (e vice-versa) pelo simples fato de que pensamos duas vezes antes de arrumar confusão e aborrecimentos – muitas vezes, como já visto, mesmo que tais receios não tenham nenhum fundamento. Por mais que essas pessoas não estejam lá, as considerações a elas relacionadas passam a influenciar quem está "à mesa".

Chegamos ao primeiro "palco" que se encontra além da mesa. Tomamos decisões considerando nossas preferências e também pensando nas pessoas com quem convivemos.

Talvez essas pessoas jamais peçam qualquer explicação sobre nossas decisões, mas o simples fato de existir a possibilidade de alguém nos perguntar algo já afeta nosso processo decisório. Contudo, em termos de influência, nossas decisões ocorrem em um contínuo.

Em um extremo, dependendo do caso, nossa própria opinião chega a pesar quase 100% no momento de decidir pela aceitação ou rejeição de um acordo. No outro extremo, já em circunstâncias distintas, nossas preferências pessoais chegam a ser quase irrelevantes, e a decisão é tomada, principalmente, levando-se em conta a necessidade (real ou imaginária) de justificar nossas atitudes junto a terceiros.

Finalmente, há casos (provavelmente, a grande maioria) em que nossa decisão procura balancear, em diferentes graus de prioridades, tanto nossa preferência pessoal quanto aquilo que julgamos ser a preferência do grupo a quem devemos explicações – mesmo que não concordemos com o que imaginamos ser a vontade das pessoas de tal grupo.

Dissonâncias

Por mais que o negociador procure ser fiel representante dos desejos e prioridades de seu grupo, é inevitável que aconteçam dissonâncias.

Uma dissonância ocorre quando o indivíduo – mesmo que tente ser um fiel representante de seu grupo – rejeita algo que o grupo aceitaria ou vice-versa.

Essas dissonâncias ocorrem porque, em geral, as decisões são tomadas em uma zona cinzenta, em que o *sim* e o *não* são bastante ponderados antes de se chegar ao veredicto. No mundo dos negócios, raramente uma negociação tem aceitação ou rejeição imediata e incondicional. O que ocorre, na quase totalidade das vezes, é um processo de aproximações sucessivas, com ponderações dos prós e dos contras, geralmente com certa dose de subjetividade e preferências pessoais. E é justamente esse processo que leva à existência de dissonâncias entre o negociador e o grupo que ele representa. Por vezes, o indivíduo ainda está propenso a aceitar uma oferta vinda do outro lado, mas seu grupo a rejeitaria:

Figura 2
PRIMEIRA DISSONÂNCIA ENTRE O INDIVÍDUO E O GRUPO

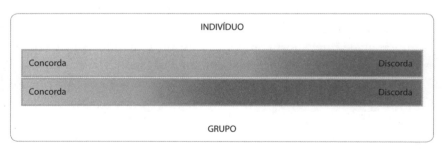

Em outros casos, ocorre o contrário: o indivíduo recusa uma proposta vinda do outro lado, mas seu grupo estaria inclinado a aceitá-la.

Figura 3
SEGUNDA DISSONÂNCIA ENTRE O INDIVÍDUO E O GRUPO

INDIVÍDUO	
Concorda	Discorda
Concorda	Discorda
GRUPO	

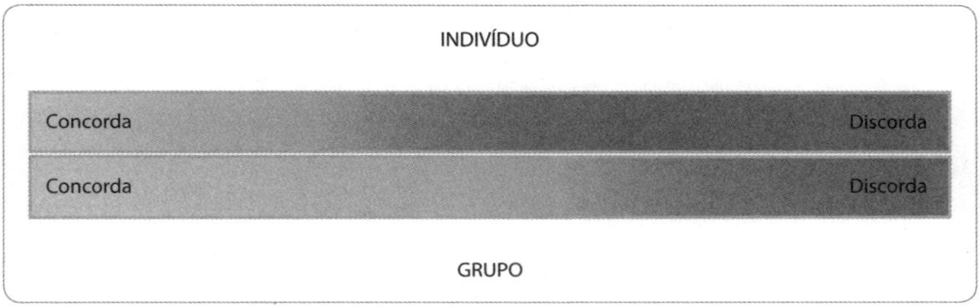

Note-se que, nos extremos, praticamente inexiste dissonância entre o indivíduo e o grupo que ele representa. Mas, é bom enfatizar que as negociações são feitas justamente nessa zona cinzenta, de forma que a existência de dissonância é mais regra do que exceção.

E por que essas dissonâncias ocorrem? Existem diversos fatores que as provocam. São eles:

A) Preferências pessoais quanto ao risco:

O primeiro fator que gera dissonância é a tolerância ao risco. Há pessoas que aceitam mais riscos, se isso tiver como contrapartida a perspectiva de resultados potencialmente mais atraentes; e há aqueles que têm alta aversão ao risco, abrindo mão de resultados, se isso se traduzir em menos incerteza.

Suponha o seguinte: uma empresa propõe à outra uma cooperação tecnológica, com alto potencial de resultados mas também uma certa dose de incerteza. Se o negociador for uma pessoa avessa ao risco, ele pode simplesmente rejeitar tal proposta e nem mesmo levá-la para que o grupo a avalie, pois acredita que, devido ao risco, tal proposta é inaceitável. Seu grupo, porém, talvez a considerasse atraente, visto que, mesmo com alguns riscos, há boa perspectiva de ganhos. Do lado oposto, o negociador pode ser bastante tolerante ao risco e entusiasmar-se com tal proposta, mas seu grupo, mais conservador, irá rejeitá-la. Em um e outro caso, é possível que ajustes na proposta reduzam a dissonância. Mas, enquanto isso não acontece – e, por vezes, nunca acontece, justamente porque o indivíduo ou seu grupo a rejeitam sumariamente, e a existência da proposta nem chega ao conhecimento de todos –, há uma clara dissonância entre o negociador e seus representados.

B) Preferências pessoais referentes ao tempo:

O segundo fator que provoca dissonâncias é a preferência em relação ao tempo. Algumas pessoas são mais imediatistas, contentando-se com menos, desde que seja logo; outras são mais focadas no longo prazo, dando pouco valor aos resultados imediatos, mas muita ênfase numa abordagem mais voltada para o futuro. Também aqui, basta que o negociador e seu grupo tenham diferentes intensidades de preferências quanto ao tempo – e isso tende a ser inevitável – para que haja uma dissonância no julgamento da fronteira ente o aceitável e o inaceitável.

C) Assimetria de informações:

O terceiro fator que gera dissonâncias é a *assimetria de informações* entre o negociador e seu grupo.

O negociador tem algumas informações de que o grupo dele não dispõe, assim como lhe faltam alguns detalhes que são de conhecimento do grupo. Ademais, até mesmo as informações compartilhadas tendem a ser interpretadas de formas diferentes.

Na verdade, a maior de todas as assimetrias, nesse caso, é o próprio histórico da negociação. Quem está pessoalmente envolvido nas discussões tem muito mais informações sobre o processo em si. Consequentemente, tem uma ideia mais ou menos clara do que é ou não viável, do que pode ou não ser negociado. Sabe, por exemplo, que determinado assunto está definitivamente fora de questão, ao passo que outros, à primeira vista inviáveis, já receberam uma sinalização positiva da pessoa que representa o outro lado.

Às vezes, quem está fora tem visões excessivamente otimistas ou exageradamente pessimistas quanto a esses mesmos aspectos. No primeiro caso, tende a forçar rumo ao impossível, ou seja, exige um acordo que jamais será aceito pelo outro lado. No segundo caso, pode simplesmente impedir toda e qualquer tentativa de solução criativa, ou seja, rejeita, *a priori*, qualquer tentativa de acordo, simplesmente por achar que não há margem para isso e que "a proposta é inaceitável".

Além disso, o grupo pode deter informações privilegiadas – por exemplo, um plano estratégico – que nem sempre são de conhecimento do negociador que o representa. Por isso, o que pode parecer um grande acordo do ponto de vista do negociador que está à mesa talvez seja irrelevante do ponto de vista do grupo que ele representa e vice-versa.

D) Capacidade de suportar estresse:

Algumas pessoas convivem, sem problemas, com grande pressão emocional por períodos prolongados, mas outras preferem encerrar a negociação, ainda que com resultado menos favorável, desde que isso signifique menor exposição ao estresse. Em outras palavras, se quem está "à mesa" suporta facilmente estresse prolongado, tenderá a estender a negociação para além daquilo que seu grupo desejaria.

E) Medos e anseios:

Nosso interlocutor pode ser uma pessoa mais tranquila, enquanto seus pares podem ser mais ansiosos ou vice-versa. Dependendo de como é o equilíbrio emocional de cada um, pode haver substanciais diferenças na interpretação das propostas recebidas.

F) Ambições quanto a resultados:

Se o representante for uma pessoa com elevada ambição em termos de resultados, poderá rejeitar propostas "modestas", que seriam prontamente aceitas por seu grupo, que já estaria contente com o que já foi obtido. O contrário é igualmente verdadeiro – o representante pode se dar por satisfeito com algo que não terá o aval do grupo, que tem ambições maiores.

G) Julgamentos subjetivos:

Cada um avalia e pondera os prós e os contras segundo seus próprios critérios, de forma que algo visto como bom para uns talvez possa ser interpretado como inaceitável para outros. Tal julgamento envolve, inclusive, questões éticas e morais sobre as quais nem sempre há consenso entre todos do grupo.

A conjunção de todos esses fatores faz com que dissonâncias sejam muito mais comuns do que se poderia imaginar. De fato, como já foi dito, elas são a regra e não a exceção.

Grupo do outro

Assim como devemos satisfação de nossos atos a outras pessoas, quem está negociando conosco também tem essa necessidade. Nosso interlocutor também tem seu grupo e, assim como nós, está sujeito a prestar contas a terceiros, tanto no plano real como no imaginário.

O representante do outro lado pode pautar suas atitudes considerando a perspectiva de que talvez venha a ter de dar explicações em relação às decisões tomadas e aos acordos fechados. Ignorar ou subestimar esse fato significa perder oportunidades de otimizar os resultados de uma negociação.

Quando consideramos o "grupo do outro", damo-nos conta de que é improvável que nosso interlocutor tenha exatamente as mesmas preferências e a mesma forma de pensar que o grupo com quem ele convive. Ou seja, por maior que seja o alinhamento entre nosso interlocutor e o grupo, sempre existirão dissonâncias.

Relatividade das situações

Na verdade, quando comparado ao grupo que ele representa, quase sempre há duas possibilidades: a primeira é que nosso interlocutor seja menos receptivo que seu grupo em relação às propostas que apresentamos; e a segunda é que, pelo contrário, ele seja mais aberto às ideias que estamos procurando vender. Porém, o "menos" e o "mais", no caso, não são conceitos absolutos, e sim relativos, ou seja, dizem respeito à postura de nosso interlocutor quando comparado ao grupo dele.

Se identificada e corretamente explorada, essa dissonância entre nosso interlocutor e o grupo dele pode ser de grande valia, pois facilita a obtenção de acordos e reduz o desgaste pessoal no processo de negociação. Entretanto, se ignorada, pode ser fonte de uma enorme "dor de cabeça", porque representa situações opostas que exigem táticas bastante diferentes. Dependendo do tipo de dissonância existente, o remédio que se mostra eficaz em um caso pode transformar-se em veneno em outro.

Tipos de dissonâncias

Aliado "à mesa"

Vejamos, inicialmente, a seguinte situação: a pessoa com quem nos relacionamos está mais propensa a aceitar nossas propostas. No entanto, o grupo dela é menos receptivo e tende a rejeitar aquilo que desejamos.

Ter um aliado à mesa é muito mais produtivo. Logo, é melhor nos unirmos a ele do que discutir com ele. Nesse caso, para sermos bem-sucedidos, podemos trocar a discussão pela cumplicidade ou fortalecer a posição de nosso interlocutor perante seu grupo.

Quando se constata a situação de que nosso interlocutor é um aliado, em vez de discutirmos com ele, devemo-nos empenhar em ajudá-lo a convencer seu grupo de que nossa proposta é interessante. Em síntese, precisamos ajudá-lo a estruturar e a fortalecer seus argumentos, de modo que ele tenha mais facilidade para obter a aceitação de seu grupo.

Ademais, devemos evitar que – justamente por conta dessa dissonância – ele venha a ser substituído por outra pessoa mais alinhada ao grupo. Em outras palavras, alguém que não irá associar-se a nós tão facilmente. A melhor forma de fortalecer a posição de nosso interlocutor é oferecer-lhe uma concessão palpável logo de início, para que ele possa legitimar sua posição perante seu grupo. Isso lhe dará melhores condições para que tente convencer seus pares de que a proposta que lhe estamos apresentando é boa e deve ser aceita.

Identificação do interlocutor como aliado

Como saber se nosso interlocutor é nosso aliado? Essa não é uma resposta fácil e, além disso, tal certeza não existe. Entretanto, há dois

Coleção Gestão empresarial

indícios que, em geral, sinalizam-nos que estamos diante de um aliado. Todavia, note-se bem, esses indícios só servem como "diagnóstico" quando se apresentam ambos ao mesmo tempo: isoladamente, cada um deles não tem significado por si só. Esses indícios são:

A) Demonstrações de interesse:

Costumamos confundir "está interessado" com "concordou de saída". Pelo contrário: pessoas que estão realmente interessadas em chegar ao acordo dão trabalho – frequentemente, muito trabalho.

Nosso interlocutor quer saber de detalhes e, por isso, pergunta, discute, questiona. Geralmente, tenta obter algo mais. Nem sempre demonstra que gostou de nossas propostas e, às vezes, até explicita uma certa decepção. Entretanto, seu interesse em convergir é visível, não pelo que ele diz, mas por seu empenho no sentido de tentar viabilizar algo que atenda a seu interesse.

B) Mudança de postura entre duas reuniões:

Se, ainda que preliminarmente, nosso interlocutor demonstrou aceitar determinada proposta e, no próximo encontro, mostra-se relutante ou mesmo tenta voltar atrás, isso pode indicar que ele foi pressionado por seu grupo. A causa mais provável dessa mudança de atitude é que o interlocutor deve ter gostado de nossas ideias, mas foi barrado por seus pares – ou seja, ele, provavelmente, terá sido mais aberto do que o grupo a quem deve satisfações e agora está se reposicionando.

Por exemplo, alguém se comprometeu a fornecer-lhe um grande lote de suprimentos em condições especiais e, na semana seguinte, tenta voltar atrás. É possível que, por exemplo, o diretor de produção tenha dito: "Você vendeu? Mas não temos como entregar! Desfaça o negócio enquanto é tempo!". Porém, ele, dificilmente, admitiria isso de forma explícita. A maioria das pessoas não se sente à vontade dizendo que levou uma bronca de seus pares ou de seu chefe. Na verdade, quase todos tentam, ao menos, disfarçar, para que não saiam com a imagem desgastada. Então, em vez de confessar algo como "Meu chefe me obrigou a voltar atrás.", é mais confortável dizer "Analisei melhor o contexto e acho que precisaremos fazer umas mudanças.".

Contudo, quando nos deparamos com alguém que volta atrás em relação ao que disse antes, em vez de interpretarmos essa situação como um sinal de que nosso interlocutor precisa de ajuda para convencer o grupo dele, tendemos a pressioná-lo, por vezes, com agressividade, cobrando-lhe um retorno àquilo que ele havia manifestado anteriormente. Em suma, a falta de sensibilidade faz com que percamos um provável aliado.

Para melhor entendermos essa situação, tomemos o seguinte exemplo:

Como gerente de uma agência bancária, você está procurando captar um novo cliente corporativo. Visita o gerente financeiro daquela empresa e, ao expor o pacote de produtos e facilidades oferecido por seu banco, desperta o interesse do representante da empresa.

Após uma reunião preliminar, em que ele pergunta bastante e pede algumas vantagens adicionais em termos de benefícios para a empresa, vocês convergem em torno de uma proposta preliminar e encerram o contato, marcando uma nova reunião para a semana seguinte, já para formalizar o acordo.

Mas, no próximo encontro, seu interlocutor volta atrás naquilo que havia sido informalmente combinado e diz que, examinando melhor, percebeu que as condições propostas não são boas para a empresa dele.

Quais as duas reações mais comuns que temos diante de tal situação?

- Primeira reação – começamos a insistir para que aquela pessoa honre o combinado, o que, frequentemente, resvala para o perigoso terreno das acusações;
- Segunda reação – começamos a desfiar um rosário de argumentos, para convencê-lo, novamente, daquilo com que ele havia concordado na semana passada.

Coleção Gestão empresarial

Evidentemente, nenhuma delas gerará resultados.

Tudo indica que ele deve ter sido repreendido pelo chefe ou pelos pares, fazendo com que buscasse uma saída honrosa. Embora dificilmente vá admiti-lo de forma explícita, ele já está desconfortável com a situação e qualquer cobrança de sua parte vai deixá-lo ainda mais retraído. Pelo contrário, uma conversa franca e gentil pode ser o caminho para a retomada do processo.

A solução pode estar em uma abordagem amigável, mais ou menos como a seguir, seguida de algum benefício concedido a título de trunfo.

> – Percebo que talvez você tenha encontrado alguma dificuldade junto a seus pares. Pois bem, vamos ver o que nós podemos fazer para facilitar as coisas e eliminar essas barreiras.

Esse sentimento de cumplicidade, aliado à concessão recebida, provavelmente, fará com que seu interlocutor se disponha a se empenhar ainda mais em viabilizar aquilo que você propõe.

Foco de resistência

Uma situação mais específica – mas não menos importante – ocorre quando identificamos nosso interlocutor como um aliado. Contudo, a resistência não se encontra no grupo dele – de uma maneira mais ou menos difusa –, mas sim em uma pessoa específica, que tem o poder de decisão ou veto.

Isso pode ser particularmente embaraçoso caso nosso interlocutor tenha pequeno poder de decisão. Talvez ele, inclusive, hesite em identificar essa situação, mesmo porque o foco da resistência pode ser o chefe dele ou alguém com quem ele não queira se indispor. A situação de resistência requer, portanto, uma tática especial.

Evidentemente, com muito tato, é oportuno perguntar a esse interlocutor, que já identificamos como aliado, algo como "Existe alguém ou algum grupo de pessoas que está particularmente refratário à ideia de aceitar essa proposta? Será que eu posso fazer algo para ajudar você na aceitação disso que estamos combinando? Por exemplo, que tal marcarmos uma reunião de esclarecimento com tais pessoas?". É importante, nessas horas, construir um sentimento de cumplicidade, fazer com que seu interlocutor veja você como alguém disposto a ajudá-lo, que entende as pressões que sofre e que se dispõe a buscar caminhos de contorno.

Se o foco da resistência for limitado e claramente identificável, é provável que compense tentarmos um contato direto com tal pessoa, a fim de ouvir suas objeções e procurar entender melhor suas motivações.

Em determinadas circunstâncias, um simples contato pessoal e direto – a título de cortesia – pode ser o primeiro passo para derrubarmos uma barreira aparentemente intransponível e iniciarmos um relacionamento mais aberto. Às vezes, tal pessoa quer apenas um pouco de atenção e se sente magoada por ter sido posta de lado no processo de negociação. Existe, inclusive, a possibilidade de ela estar agindo dessa forma por insegurança.

Esse contato com o foco de resistência – caso ele ocorra – deve ser sempre discutido previamente com nosso interlocutor. Essa discussão prévia serve não só para planejar os passos e a forma de abordagem, mas, principalmente, para evitar que nosso aliado se sinta traído e, consequentemente, deixe de colaborar – ou mesmo passe a boicotar. Uma eventual tentativa de "passar por cima" pode fazer com que o aliado se transforme em um adversário ferrenho caso se sinta desprestigiado ou desrespeitado. Nosso interlocutor pode ou não nos acompanhar nessa visita. Isso não é muito relevante: o importante é que ele esteja ciente do que se passa e, mais que isso, concorde com a abordagem.

Em algumas circunstâncias, talvez seja conveniente que essa visita não seja feita por nós, mas por um superior, pois isso daria uma força maior ao contato com aquele que está agindo como foco de resistência. Entretanto, conforme já explicado, em qualquer caso, jamais devemos fazer essa visita sem o prévio conhecimento de nosso interlocutor, sob o risco de perdê-lo como aliado e ganhar um inimigo.

No limite – mas só se todas as tentativas falharem –, devemos avaliar, com nosso interlocutor, a possibilidade de reduzir o peso e a influência daquela pessoa que, dentro de seu grupo, está agindo como foco de resistência. Todavia, essa já é uma ação de maior risco e só deve ser considerada no caso de ser realmente impossível aplainar as arestas por meio de um contato pessoal ou outro mecanismo.

Interlocutor como adversário

Vamos agora inverter a situação. Nosso interlocutor é menos receptivo do que o grupo que ele representa – ou seja, é mais provável que obtenhamos a aprovação do grupo dele do que dele próprio –, situação que pode, inclusive, atuar como uma barreira, que literalmente impede que nossas ideias cheguem ao grupo dele. Como identificar tal situação?

Uma vez mais, não há resposta fácil, nem existem maneiras de termos certeza absoluta disso. Contudo, há indícios que, embora não possam ser considerados como evidências líquidas e certas, sugerem-nos que estamos diante de um adversário. Esses indícios – lembrando que só têm sentido se aparecerem simultaneamente – são:

A) Demonstrações de desinteresse:

Nosso interlocutor mostra-se pouco interessado: não discute, não quer saber de detalhes, tenta encurtar a conversa, não dá amostras de se empenhar na busca de convergência. Diz um "tudo bem" que soa claramente como uma resposta mais protocolar do que de real interesse. Lembre-se: quem realmente se interessa tende a nos dar trabalho, apresenta propostas, pede concessões, etc.

B) Levantamento de barreiras:

Antes mesmo de analisar detalhes e entender exatamente o que estamos lhe propondo, nosso interlocutor usa frases do tipo "Bem, isso minha empresa não aceitaria de jeito nenhum." ou "Sabe, não adianta nem eu tentar levar isso para meu diretor.". Ou, se lhe propomos uma reunião com os principais interessados para discutir a proposta, ele vem com respostas como "Ah, é muito difícil reunir todos." ou "Nem adianta, já discutimos isso recentemente, e ninguém concordou com essa ideia." – o que, por si só, já é meio absurdo: mesmo que tenham discutido, certamente não foi sua proposta.

Quando identificamos resistência em nosso interlocutor, a primeira coisa a fazer é avaliar uma possível mudança de seu posicionamento – ou seja, procurar vislumbrar quais são nossas chances de ele reverter seu comportamento refratário.

Revertendo o adversário em aliado

Podemos tentar, basicamente, três linhas de ação para transformar o adversário em um aliado:

A) Eliminação de mal-entendidos:

Considerando que nossa proposta seja realmente interessante para o outro lado – ou seja, acreditamos que o grupo de nosso interlocutor aceitaria discuti-la, embora ele próprio se mostre muito resistente –, deve haver algum motivo que gere essa barreira. Tomando como pressuposto que nosso interlocutor não esteja agindo de ma-fé – e a grande maioria das pessoas realmente não o faz –, então deve haver algum fator que está dificultando a análise de nossa proposta.

Não devemos descartar a hipótese de que nosso interlocutor se mostre resistente ou relutante apenas por insegurança ou por não ter entendido corretamente algum aspecto de nossa proposta. O simples fato de não entender, com clareza, determinados aspectos pode ser suficiente para suscitar desconfiança. Na maioria dos casos, o orgulho não lhe permitirá dizer, explicitamente, que não a entendeu. No entanto, talvez ele não tenha nem mesmo entendido a finalidade de nosso contato, pensando não ser propriamente uma proposta, mas apenas um encontro casual.

Diante disso, uma conversa mais esclarecedora, franca e amistosa pode ser suficiente para transformar nosso interlocutor em aliado. Uma boa forma de iniciar a superação de mal-entendidos é uma abordagem mais ou menos como "Geralmente, eu me entusiasmo e acabo deixando para trás parte das explicações. Houve alguma coisa em que eu não tenha sido claro o suficiente?". Tal abordagem é oportuna porque, em vez de transferir para o outro o ônus de não ter entendido, oferecemos a saída honrosa de a explicação ter sido insuficiente.

B) Afago no ego:

Algumas pessoas dão um grande valor para rituais e gestos simbólicos, ou seja, gostam de receber atenção. Elas apreciam pequenos mimos e, uma vez que os obtenham, dão-se por satisfeitas.

Coleção Gestão empresarial

Logo, um pequeno gesto de boa vontade – como uma concessão ou um convite para um almoço – pode ter um forte efeito positivo, aplainando arestas e iniciando um relacionamento de cumplicidade. Aquele que, inicialmente, parecia um ponto de resistência acaba por se tornar um importante aliado.

Há muitas formas de se fazer afago no ego – e nenhuma delas deve ser confundida com "comprar" as pessoas. Não se trata de oferecer vantagens pessoais, mas de sinalizar apreço. Nada contra dar presentes, desde que sejam de valor simbólico, especialmente quando se sabe que tal pessoa aprecia aquela determinada coisa. Por exemplo, um automóvel miniatura jamais será confundido com propina, mas pode significar muito para quem tem como *hobby* colecionar essas réplicas.

C) Busca da identidade compartilhada:

A descoberta de algum tipo de identidade compartilhada pode aproximar-nos de nosso interlocutor. Faz parte de nossa personalidade ser mais receptivo com aqueles com quem comungamos crenças, preferências ou valores.

São incontáveis as portas pelas quais podemos chegar à identidade compartilhada: formação escolar, bairro de residência, local de origem, afinidades esportivas, *hobbies*.

Para tal, informarmo-nos, previamente, sobre gostos e preferências de nosso interlocutor pode ser uma ação prática – e legítima – para vencer barreiras e criar uma empatia inicial, que facilita todo o processo de negociação.

A identidade compartilhada é um instrumento poderoso para o negociador – mesmo quando não se encontra diante de um adversário. As pessoas, em geral, gostam de se associar àqueles com quem se identificam. E esse processo de "identificar-se" é um tanto subjetivo. Apenas para citar alguns exemplos de identificações:

- origem – localidade, estado, região, tipo de cidade, etc.;
- formação escolar – onde estudou, que cursos fez, etc.;
- gostos e interesses – história, vinhos, gastronomia, etc.;

- *hobby* – pescaria, aeromodelismo, música, etc.;
- história profissional – se já trabalhou em determinada empresa, se já exerceu uma certa atividade, etc.

A lista é extensa. Descobrir, por exemplo, que aquela pessoa fez o primeiro grau no mesmo colégio em que você estudou pode ser um bom começo para quebrar a resistência: "Lembra daquelas festas de fim de ano que a professora Ana organizava?". Ou se aquela pessoa tem interesse por história antiga e você também tem. Ou se ele coleciona antiguidades e você também. Ou se, como você, ele gosta de andar de bicicleta nos fins de semana. Ou saber que seu interlocutor foi criado em uma cidadezinha do interior de Minas Gerais pode dar um bom começo, caso você tenha sido criado em uma pequena cidade de Goiás. Mas... onde está a identidade compartilhada, nesse último caso?

Bem, identidade compartilhada é algo um tanto elástico. No caso anterior, ela pode vir de lembranças de uma infância em um local pequeno e muito calmo, de uma vida próxima da natureza, das brincadeiras de crianças típicas de locais assim, das travessuras que, usualmente, faz-se em uma cidadezinha. Mesmo que uma seja em Minas e outra em Goiás, a identidade compartilhada é: "Pois é, quem diria, saímos de vilarejos e viemos parar aqui!".

Na verdade, você nem necessariamente precisa fazer ou conhecer previamente algo sobre seu interlocutor para ter identidade compartilhada. Suponha que você veja, na sala daquela pessoa, uma foto dela usando botas e chapéu, segurando uma vara de pescar em uma das mãos e um belo peixe em outra. É evidente que tal pessoa gosta de pescar. Suponha, entretanto, que você não conhece absolutamente nada de pescaria. Bem, nesse caso, a pior coisa possível é dizer que gosta de pescaria: basta ele fazer-lhe uma pergunta como "E que tipo de molinete você usa?" para criar-se um enorme constrangimento – com o agravante de que ele passará a ter a certeza de que você mente e não é de confiança. Mas você pode, por exemplo, dizer: "Sabe de uma coisa? Estou vendo sua foto e me lembrei de que sempre tive vontade de pescar, mas até hoje nunca deu certo. É legal mesmo, vale a pena?".

Além disso, restrinja a identidade compartilhada ao ponto em que ela ainda é compartilhada. Por exemplo, se você fez engenharia e seu interlocutor também, ótimo: já é um começo. Se você fez mecânica e

Coleção Gestão empresarial

ele fez elétrica, em vez de ressaltar a diferença, ressalte a similaridade: "Pois é, somos dois engenheiros que acabaram indo para a área administrativa.". Mas, se você e ele estudaram na mesma escola, mesmo que cursos diferentes, nada como um "Quem diria, somos ambos da Federal. Lembra do professor Beltrão, que dava cálculo III e era o terror dos alunos?".

Tenha sempre em mente: se você tiver habilidade em identificar identidades compartilhadas – sim, no plural, pois é quase certo que haja mais que uma –, sua convivência com aquela pessoa tenderá a ser mais bem mais fácil. Mas nunca, jamais, em hipótese alguma minta para forjar uma identidade compartilhada: se isso vier à tona, você estará em maus lençóis.

Lidando com o adversário quando não há reversão

Existem situações em que nenhum tipo de esforço será capaz de reverter a posição de intransigência de nosso interlocutor. Há casos em que os motivos dele são mais profundos e estruturados, mas, dada a assimetria de informações, nem mesmo se vislumbra uma brecha para acesso.

Pode ser muito difícil, nesse caso, conseguir uma mudança de posição. Se nossas primeiras tentativas de aproximação mostrarem-se estéreis ou – o que é pior – derem sinais de que o relacionamento pode-se deteriorar ainda mais, talvez seja o caso de mudarmos a abordagem.

Quando temos um adversário "à mesa" e o esforço de transformá-lo em aliado não frutifica, muito mais produtivo do que discutir com ele é buscar novos caminhos. O mais interessante é que, nesse caso – assim como no anterior –, nossa atitude intuitiva tende a ser o oposto do recomendável: diante desse tipo de situação, tentamos convencer nosso interlocutor das virtudes de nossos argumentos, quando, na realidade, a solução está além da mesa.

Não devemos descartar inclusive a possibilidade de, ao insistir no assunto, acabarmos fazendo com que ele se torne ainda mais resistente a nossas propostas, chegando até a desenvolver uma profunda antipatia por nós. No limite, se insistirmos demais, tal pessoa pode passar a levar o caso para o lado pessoal e transformar em questão de honra sabotar toda e qualquer iniciativa de nossa parte.

Nessa situação, para sermos bem-sucedidos, em vez de insistir desmedidamente, podemos trocar a discussão pelo *bypass* ou buscar enfraquecer a posição de nosso interlocutor.

A primeira solução parte do pressuposto de que é perda de tempo nos desgastar tentando convencer nosso interlocutor, visto que ele é o ponto de resistência. Muito mais produtivo seria acessar, diretamente, outros indivíduos pertencentes ao grupo por ele representado. Já a segunda solução pressupõe que nunca é demais fazer com que ele seja substituído por alguém mais susceptível a nossos argumentos.

O problema do *bypass* é que, se for feito de forma inadequada, além de não ajudar, irá atrapalhar a negociação. Nosso interlocutor pode ficar ressentido e aumentar ainda mais a resistência.

Ademais, ao passar por cima do interlocutor de forma imprópria, podemos fazer com que o grupo dele o apoie, em solidariedade ao colega que – em uma interpretação carregada de componente emocional – estaria sendo vítima de atitudes deselegantes.

Por isso, devemos fazer o *bypass* com todo cuidado, combinando, simultaneamente, duas abordagens:

A) *Bypass* por cima:

De acordo com aquilo que não está escrito, mas é universalmente aceito como regra de conduta elegante, não é legítimo falarmos diretamente com o chefe de nosso interlocutor, pois isso seria interpretado como uma atitude desrespeitosa, agressiva ou grosseira.

Entretanto, é legítimo que nosso chefe o faça. Nesse caso, o diálogo deve considerar muito mais o nível institucional do que o detalhe. O propósito desse encontro é, essencialmente, despertar, no chefe dele, o interesse pelo que está sendo discutido no nível logo abaixo, mas sem entrar em grandes detalhes.

B) *Bypass* por baixo:

Obter o apoio do pessoal técnico do outro lado ajuda bastante. O melhor caminho para isso é fazer com que nosso pessoal técnico mostre ao grupo dele – especialmente àquelas pessoas que se beneficiariam de um acordo conosco e, mesmo que não decidam, influenciam a decisão – os benefícios daquilo que estamos propondo.

Tomemos o exemplo anterior, mas com o cenário invertido:

> Como gerente de uma agência bancária, você está procurando captar um novo cliente corporativo. Você visita o gerente financeiro daquela empresa e, ao expor seus produtos e suas facilidades, percebe o pouco interesse daquela pessoa.
>
> Além de não querer saber detalhes, ela dá a entender que a empresa não vai, de forma nenhuma, trocar de banco – um dos motivos, provavelmente, é que ele se sente mais confortável com o serviço que já conhece bem.
>
> Mas, pelo que você percebe, sua proposta é mais vantajosa para a empresa do que aquilo que ela já tem do outro banco, especialmente em termos de facilidades na gestão de pagamentos e recebimentos.
>
> Você, então, abre a possibilidade de eliminar mal-entendidos, tenta um afago no ego e busca desenvolver uma identidade comum, mas não obtém nenhum sucesso.
>
> Nesse ponto, é perda de tempo investir seus esforços no convencimento dessa pessoa. É mais produtivo que seu gerente regional faça uma visita de cortesia ao diretor financeiro da empresa, almocem juntos e, no meio da conversa, mencione algo como:
>
> – Olá! Vim aqui para me apresentar e para conhecer você, pois o banco está com uma nova política de negócios, e estamos com planos bastante atraentes para nossos novos clientes corporativos. Contudo, não se preocupe com os detalhes, pois meu gerente já está conversando com seu gerente financeiro.

continua

> Paralelamente, arranja-se uma conversa informal com o pessoal de contas a pagar e de contas a receber, mostrando as facilidades oferecidas aos novos clientes. Cria-se assim uma rede de cumplicidades que lhe facilitará bastante.

A abordagem simultânea, "por cima" e "por baixo", tende a ser mais eficaz e menos desgastante do que intermináveis reuniões com o gerente financeiro. Pressionado pelo chefe e por seus colegas, nosso interlocutor tenderá a rever sua posição – ou talvez seja substituído por outra pessoa, que assumirá as conversações em nome da empresa.

Um último alerta a esse respeito: é sempre prudente tomarmos muito cuidado nos processos de *bypass*, seja "por cima" ou "por baixo". Nessas ocasiões, é comum que nosso interlocutor seja duramente criticado por algum de seus pares. Se isso acontecer, devemos resistir à tentação de engrossar o coro das críticas. Afinal, alguém que diz que sua própria mãe é teimosa e cabeça dura não costuma tolerar que seu interlocutor diga algo como "De fato, eu já havia percebido isso há tempos.".

Pessoas que fazem críticas a seus pares podem se ofender quando alguém de fora faz o mesmo. Nesse caso, a crítica de terceiros não é vista como direcionada exclusivamente àquela pessoa, mas sim estendida à organização como um todo.

Uma síntese sobre a questão das dissonâncias

Possivelmente, o maior erro que cometemos em uma negociação em que haja influência dos bastidores é ignorar a existência de dissonâncias entre nosso interlocutor e as pessoas a quem ele deve prestar contas.

Nossa tendência natural é direcionar todos os nossos esforços no convencimento daquela pessoa, como se fosse ela a única instância de decisão.

Porém, quando se entende melhor a influência exercida por terceiros, com os quais talvez nunca vamos interagir diretamente, fica evidente que é preciso direcionar parte do processo de convencimento para "além da mesa", ou seja, incluir, em nosso processo decisório, ações voltadas aos bastidores da negociação.

Resumindo: se o interlocutor é um aliado, não é preciso discutir com ele. Da mesma forma, se o interlocutor é um adversário renitente, é inútil debater com ele.

Alternativas

Melhor alternativa

Um dos conceitos mais importantes em negociação é o de *melhor alternativa a um acordo*. Há várias expressões para designar alternativas em negociações, sendo as mais conhecidas:

- BATNA – *best alternative to a negotiated agreement* – melhor alternativa a um acordo negociado;
- MAANA – melhor alternativa à negociação de um acordo;
- MAPAN – melhor alternativa para um acordo negociado;
- MASA – melhor alternativa sem acordo.

Em todas, a ideia central é exatamente a mesma: quando vamos negociar qualquer coisa, é importante avaliarmos antes quais são as possíveis alternativas e qual delas seria a melhor no caso de não chegarmos ao consenso.

No entanto, essa questão costuma ser duplamente subestimada. Primeiro, porque não observamos, com a devida atenção, as alternativas disponíveis e, frequentemente, fechamos um acordo que deveria ser rejeitado ou recusamos algo que deveria ser aceito. Segundo, é comum simplesmente ignorarmos o óbvio, isto é, o fato de que o outro lado também tem alternativas.

Precisamos adotar um comportamento cuidadoso e racional: uma simples avaliação ponderada de nossas alternativas pode evitar uma decisão errada e lesiva a nossos interesses.

Nesse sentido, as alternativas do negociador constituem a parte mais visível em uma negociação. Durante todo o processo de negociação, o negociador deve, permanentemente, avaliar se a possibilidade de acordo é melhor ou pior que a alternativa disponível. Essa avaliação permanente é necessária porque as alternativas disponíveis – para ambos os lados, por sinal – são dinâmicas.

Não convém, portanto, confiarmos cegamente em algo que "era possível na semana passada" e não devemos ignorar ainda que, a qualquer momento, podem surgir oportunidades mais atraentes.

Ao contrário do que se pensa, a análise de alternativas não deve ser feita apenas diante de situações delicadas, nas quais o acordo mostre-se difícil. Ao contrário: o comportamento racional consiste na análise permanente de alternativas. Mesmo que tenhamos o que é bom, não devemos jamais desprezar a possibilidade do que pode vir a ser ótimo.

A análise de nossas próprias alternativas é algo que pode ser considerado parte do bom-senso. Entretanto, a grande e perigosa armadilha (por ser menos evidente) consiste em desconsiderar que nosso interlocutor também tenha (ou, pelo menos, deveria ter) alternativas. Quando não olhamos para as alternativas de nosso interlocutor, corremos o risco de cometer dois erros: perder o negócio ou ceder além do necessário.

Enquanto tentamos fechar o acordo, é sempre importante ter em mente que o outro lado pode, a qualquer momento, considerar outra possibilidade de negócio com um terceiro. Em outras palavras, a alternativa de nosso interlocutor é, na realidade, nosso "concorrente" – não necessariamente uma empresa concorrente, mas uma opção que o outro lado tem caso não chegue a um acordo conosco. Em qualquer negociação, menosprezar as alternativas alheias significa correr riscos desnecessários. Comumente, perdemos um acordo que estaria praticamente fechado por não levarmos em conta que há outros envolvidos disputando o mesmo negócio.

No entanto, quando a alternativa de nosso interlocutor é muito pobre – ou mesmo inexistente –, é possível melhorar os termos do acordo, sem que isso signifique abusar da pessoa que negocia conosco. Na verdade, especialmente diante de situações de pressão, é comum cedermos muito além do razoável por não levarmos em conta que nosso interlocutor não tem alternativas melhores e, portanto, acabaria aceitando um acordo que nos fosse mais vantajoso.

Retomemos o exemplo visto anteriormente, segundo o qual, como gerente de uma agência bancária, você busca captar um novo cliente corporativo. Analisemos os dois lados do problema, para melhor entendermos as alternativas disponíveis:

> O novo cliente em questão tem alternativas. Entre elas, pressionar o banco com o qual já vinha trabalhando antes de iniciar o contato com você, usando sua proposta como argumento para obter vantagens adicionais, caso mantenha a conta com o antigo parceiro. Possivelmente, o banco com quem ele trabalha hoje não estará muito propenso a perdê-lo como cliente e fará certas concessões para manter aquela conta.
>
> Se você ignorar isso, pode ser surpreendido com o súbito encerramento das negociações sem qualquer prévio aviso, frequentemente, sem nem mesmo um sinal anterior.

Durante o processo de negociação, é sempre conveniente sondar o outro lado para desenvolver alguma percepção quanto às alternativas de que ele dispõe.

A sondagem não é simples e, frequentemente, seu interlocutor dissimula, não declarando o que tem, ou blefa, declarando ter o que não possui. Não existe regra para identificar essa situação e talvez seja preciso fazer uma série de perguntas – algumas sutis e outras mais explícitas – para formar uma imagem minimamente confiável.

Contudo, vale uma observação: ainda que sua avaliação seja, por natureza, subjetiva e imprecisa, é melhor uma ideia aproximada da situação do que nenhuma ideia a respeito dela. Entretanto, você também poderá notar um progressivo endurecimento do outro lado – tanto do interlocutor quanto do grupo por ele representado –, com exigências crescentes para vir a se tornar seu cliente.

Pode ocorrer ainda o caso em que seu interlocutor seja o foco de resistência e não seja possível fazer nenhum *bypass*, visto que ele mesmo é a pessoa que detém o poder de decisão final.

> Em qualquer dessas situações, você deve perguntar a si mesmo se o banco não tem alternativas melhores e mais rentáveis. Afinal, um novo cliente que dará prejuízo, devido a inúmeras concessões feitas em sua captação, não é propriamente uma vitória.

continua

Negociação /

> Principalmente, você deve perguntar a si mesmo se seu tempo e seus esforços não poderiam ser investidos de forma mais proveitosa, talvez na busca de um novo cliente, no gerenciamento de sua equipe, no desenvolvimento ou mesmo no aperfeiçoamento de produtos e serviços para os clientes já existentes.

Negociar é conseguir um *sim*, mas é também saber a hora de dizer um *não*.

Plateia

Um dos aspectos mais enganosos em negociação ocorre quando o outro lado está "jogando para a plateia". Isso significa que o interesse do outro está mais focado em impressionar alguém ou um grupo de pessoas do que na "substância do acordo".

Aqui estamos diante de um novo contínuo. Em um dos limites, a plateia pode exercer uma influência muito discreta. No outro extremo, há casos em que o acordo chega a ser irrelevante e o grande interesse consiste em mostrar para os outros um bom desempenho.

Quando se fala em "jogar para a plateia", pensamos em demagogia ou relacionamos esse tipo de atitude a determinados ambientes, tais como o meio político, sindical, etc. Além de preconceituoso, esse pensamento é caricato e ignora um fato elementar da vida: vários motivos nos levam a jogar para a plateia – algumas vezes, vaidade; outras, a necessidade de aceitação e reconhecimento, ou o interesse pessoal. Frequentemente, alguém "joga para a plateia" porque precisa obter apoio político. Outras vezes, é uma questão que passa perto da sobrevivência.

Imaginar que apenas pessoas de mau caráter jogam para a plateia é uma simplificação perigosa, que não corresponde à realidade. Na verdade, mesmo que nem sempre percebamos isso, nós mesmos "jogamos para a plateia", uma vez que, em menor ou maior grau, é comum nossas decisões serem afetadas por nosso desejo de "sair bem na foto".

Esse "efeito plateia" introduz novos componentes no processo de negociação. Quando ocorre, determinadas ações que funcionariam muito bem em outras circunstâncias podem vir a ser o caminho do desastre.

Coleção Gestão empresarial

Quando o efeito plateia assume peso significativo na decisão de nosso interlocutor, o processo decisório sofre uma transformação que deve ser reconhecida, sob pena de cairmos em uma armadilha fatal.

Se percebermos o efeito plateia, devemos:

- logo no início das discussões, endurecer em relação à substância da negociação, não fazendo concessões imediatas nem mesmo pequenas;
- evitar dizer um não explícito – visto que convém deixarmos margem para, posteriormente, voltarmos atrás em relação a alguma concessão. O melhor é utilizar expressões relativamente vagas, que deixem sempre uma porta aberta: "Isso que você está me pedindo beira o impossível.", ou "Se eu fizesse o que você me pede, estaria abrindo um precedente.", ou ainda "Mas isso foge completamente de nossos procedimentos usuais.". Note-se que tais expressões, embora levem a questão ao limiar da impossibilidade, deixam uma abertura para posterior reconsideração;
- tomar todo o cuidado possível para evitarmos um confronto pessoal, que, provavelmente, levaria ambos a uma escalada emocional com desfecho imprevisível. Deve-se evitar ao máximo qualquer situação que exponha demasiadamente nosso interlocutor, pois isso poderia levá-lo a adotar uma postura extremamente agressiva e inflexível. Não custa lembrar: "efeito plateia" ocorre justamente quando a pessoa se preocupa com sua imagem. Submetê-la a desgaste pode piorar ainda mais as chances de acordo;
- deixar claro que estamos muito perto do limite – mesmo que isso não seja exatamente a real situação –, mas sem estressar nosso interlocutor. É importante sobrevalorizar cada concessão feita, pois isso poderá ser exibido, pelo interlocutor, como um "trunfo" por ele obtido.

A real interpretação da plateia é uma incógnita. O que direciona a ação de nosso interlocutor é o que ele imagina que seria a reação daqueles a quem quer bem impressionar, independentemente de a realidade confirmar ou não sua percepção. Em outras palavras, quem joga para a plateia não necessariamente faz o que a plateia quer ou espera, mas sim o que ele próprio imagina que agradará os observadores.

Uma boa tática, nesse caso, é usar o poder da fraqueza, isto é, argumentar na linha do "Eu até que gostaria de atender sua reivindicação, mas não tenho como fazê-lo.". O endurecimento em relação à substância da negociação pode parecer uma posição arriscada – e talvez o seja. Mas, se agirmos de outra forma, quando sob efeito plateia, a tendência de nosso interlocutor, ao obter uma concessão, é exigir cada vez mais, já que ele imagina que qualquer atitude diferente seria interpretada por sua plateia como um sinal de fraqueza.

Estabelecidos os limites de cada parte e tendo ficado claro que o jogo será duro para ambos os lados, podemos começar a fazer nossas exigências e oferecer algo em troca. Como o jogo é "para a plateia", concessões mínimas – obtidas depois de algumas idas e vindas – tendem a ser interpretadas, pelo outro lado, como uma vitória, ainda que não o seja. Por isso, quando valorizamos nossas concessões, elas têm uma melhor aceitação sob efeito plateia e podem, inclusive, facilitar e acelerar o acordo.

Provavelmente, nossa versão dos fatos – "ao posar para a plateia" – reforçará a ideia de que aquela pequena concessão teria sido uma grande conquista. Não se trata de uma defesa de posições – atitude geralmente insensata em negociação –, mas sim de estabelecer um ritual compatível com as variáveis do ambiente.

Não estamos defendendo a barganha posicional em detrimento da "negociação por princípios". O fato é que, se ignorarmos o ambiente e não identificarmos o efeito plateia, a negociação por princípios – que, em geral, é mais sensata e produtiva – pode não surtir o efeito esperado. Além disso, o que é pior, pode-nos levar a uma armadilha difícil de ser revertida, porque, nessa situação, nosso interlocutor pode, facilmente, tornar-se intransigente.

Assim como nos casos dos palcos e cenários anteriores, o efeito plateia não é algo que se possa identificar com total segurança. Entretanto, existem alguns indícios que contribuem na formação de um quadro mais nítido, quais sejam:

- as situações de risco;
- as dicas comportamentais.

Ainda que não possamos generalizar, determinadas circunstâncias aumentam o risco de observarmos o efeito plateia, entre elas:

Coleção Gestão empresarial

A) Pessoas interessadas em "mostrar serviço":

Pessoas que acabaram de assumir uma nova posição, um novo emprego, ou que estejam, interinamente, substituindo o titular do cargo – e que, talvez, estejam particularmente interessadas em "mostrar serviço", como popularmente se diz.

B) Pessoas em processos de mudança organizacional:

Certas situações fazem com que as pessoas se preocupem muito com a imagem que transmitirão. Por exemplo, indivíduos que continuam no mesmo cargo, mas com um novo chefe.

C) Pessoas que estejam disputando uma promoção.

D) Pessoas que passam a fazer parte de um grupo:

Pessoas que, mesmo sem mudança de posição ou de situação profissional, passam a fazer parte de um determinado grupo. É o caso de um gerente que passa a fazer parte do comitê de planejamento estratégico, por exemplo.

E) Pessoas que demonstram vaidade além do padrão habitual.

F) Pessoas que demonstram elevada necessidade de aceitação e aprovação.

G) Pessoas que, pela posição que ocupam em relação ao objeto da negociação, precisam de apoio e sustentação política.

Essas considerações correm o risco de serem interpretadas como preconceituosas. Entretanto, evidentemente, não é esse o propósito, já que não propomos um julgamento precipitado sobre o interlocutor, mas apenas um alerta para um possível perigo a ser evitado.

Além das situações de risco – que, talvez, possam ser identificadas *a priori* –, alguns comportamentos observados durante a negociação podem ser indícios de efeito plateia.

Geralmente, o interlocutor demonstra, implícita ou explicitamente, que está preocupado com a versão dos fatos, ou seja, com a forma como os outros tomarão conhecimento do processo de discussão do acordo.

Dicas comportamentais, geralmente, são muito sutis, mas o negociador deve-se manter atento para não ser apanhado de surpresa.

A plateia também não deve ser confundida com o grupo do outro. Frequentemente, essa superposição acontece, ou seja, nosso interlocutor está interessado em causar boa impressão ao grupo ao qual ele pertence. Entretanto, em outras circunstâncias, a plateia é uma entidade completamente distinta – em alguns casos, abstrata –, que não tem relação com o grupo por ele representado. Podemos citar como exemplos as seguintes situações:

- um gerente que aspire a uma posição como diretor, possivelmente, estará mais interessado em causar boa impressão junto ao presidente e aos demais diretores, sendo-lhe menos importante a avaliação de seu próprio grupo;
- um estudante que, em nome de sua classe, negocia com o professor o adiamento da entrega de um trabalho, mas tem como objetivo principal causar boa impressão à garota em quem está interessado – a qual talvez estude em outra classe.

Analisando esses dois exemplos, será que podemos dizer que tais pessoas representam aquilo que costumamos classificar como "mau-caráter"? Decerto que não. São pessoas que, como todos nós, têm suas motivações íntimas, e nem o mais severo dos juízes seria capaz de dizer que estejam agindo de má-fé.

Finalmente, não devemos entender o efeito plateia como resultado de desvio de comportamento, mas sim como parte natural de um processo em que os interesses são múltiplos, complexos e, em geral, têm colorações multiformes.

Reação ao efeito plateia

Ao reconhecer o possível efeito plateia, devemos evitar duas ações: explicitar nosso ponto de vista para o interlocutor e dirigirmo-nos à plateia. No primeiro caso isso, provavelmente, deixará o outro irritado e

Coleção Gestão empresarial

acuado, levando-o, na maior parte das vezes, a negar a acusação com veemência e – o que é pior – endurecer ainda mais seu posicionamento.

Já o segundo caso constitui um grande erro, pois, se, de fato, existe o efeito plateia, é muito mais sensato deixar que o ônus de se explicar aos outros fique com nosso interlocutor. O acesso direto tende a ser mal interpretado pela própria plateia, que, geralmente, avalia essa atitude como uma invasão inaceitável.

Consideremos, uma vez mais, que você é gerente de uma agência bancária.

Nessas circunstâncias, você é procurado pelo novo diretor financeiro de uma empresa que, há anos, mantém conta em sua agência, utilizando seus serviços como principal ponto de concentração de aplicações e cobranças.

Durante o encontro, o novo diretor financeiro começa a apresentar uma série de exigências adicionais, inclusive sob ameaça de transferir toda sua movimentação para outro banco, caso não seja atendido.

Como se trata de uma das possíveis situações de risco para o efeito plateia, sua postura deve ser firme.

Diga desde o início que ele já está com um pacote de vantagens melhor do que a maioria dos clientes – ou seja, valorize o que ele já tem.

Esclareça que qualquer vantagem adicional é muito difícil. Entretanto, deixe uma porta aberta para alguma futura concessão, ainda que mínima.

Enfatize que, como se trata de um cliente muito especial – ainda que não o seja –, você está disposto a esgotar todas as suas possibilidades, mas explicite, de antemão, que sua margem de manobra é limitadíssima.

---

continua

Paralelamente, faça um mapeamento sobre a concorrência, perguntando-lhe, por exemplo, quais as vantagens que ele teria obtido junto ao outro banco – para identificar se ele está blefando.

Postergue ao máximo qualquer decisão, sem, no entanto, descuidar da concorrência.

Quando sentir que o assunto amadureceu e que há possibilidade de oferecer algum pequeno benefício extra, proponha-se a fazer uma visita para comunicar oficialmente ao presidente da empresa a nova vantagem concedida. E, por menor que seja, a concessão deve ser sempre valorizada.

Como se trata de efeito plateia, o que menos interessa é a concessão em si. O que está em jogo é a versão da história. Mesmo um pequeno agrado pode transformar-se em um grande instrumento para conseguir o apoio de nosso interlocutor.

Por vezes, o efeito plateia materializa-se em uma situação particularmente perversa, isto é, vem combinado a uma dissonância em que o interlocutor é o ponto de resistência. Nesse caso, a dificuldade é um pouco maior, mas as regras a serem seguidas são, basicamente, as mesmas, combinadamente.

Seja firme com o interlocutor para combater o efeito plateia. Promova o *bypass*, por cima e por baixo, para minar a posição desse mesmo interlocutor.

Agenda oculta

O processo de negociação, em condições normais, tem sua pauta mais ou menos clara. Todos os envolvidos sabem, em linhas gerais, quais são os principais pontos a serem negociados e qual é o foco do consenso a ser buscado. Todavia, existe um caso particular de assimetria de informações que, em geral, apresenta-se com significativa intensidade. Trata-se da chamada "agenda oculta".

Existe agenda oculta quando o que está sendo negociado de fato não é aquilo que se explicita verbalmente ou por escrito, mas sim alguma outra coisa que se encontra intencionalmente dissimulada.

A agenda oculta dificulta, sobremaneira, a busca por um acordo, pois, desconhecendo os verdadeiros aspectos da pauta, temos enorme dificuldade em propor soluções que atendam às reais expectativas e às necessidades de todos os envolvidos na negociação.

O problema maior é que, quando existe agenda oculta, argumentos racionais tendem a ser inócuos. O negociador foca seu discurso em um ponto, quando, na realidade, o problema é algo que, geralmente, nem chega a ser imaginado.

Ainda que possa surgir também em negociações nas quais existam apenas duas partes, a agenda oculta é um fenômeno bastante comum em negociações que envolvem grupos.

Decisões colegiadas constituem um ambiente típico em que esse problema aflora, com duas ressalvas: primeira, há inúmeros casos de negociações em grupos nos quais inexiste qualquer agenda oculta e tudo é tratado de forma transparente. Segunda, a agenda oculta pode estar além da mesa, ou seja, nosso interlocutor pode estar discutindo algo conosco, quando, na verdade, o que está em jogo, no caso dele, é um assunto diferente, que ele próprio desconhece: a agenda oculta pode ser praticada pelo grupo dele, sem mesmo que ele o saiba. Por exemplo, tendo como único objetivo ganhar tempo, um diretor pede a um gerente que negocie um aspecto técnico pouco relevante, sem que o próprio gerente saiba que, na verdade, aquilo não importa.

Contudo, é possível que o grupo que ele representa abra o jogo e até recomende que ele dissimule seus reais interesses, para evitar que ele se desgaste demais em torno de assuntos irrelevantes.

Causas da agenda oculta

Vários motivos levam à formação de uma agenda oculta:

A) Desejo de evitar escândalos:

Por considerarmos que determinado assunto seja polêmico e possa causar excessiva controvérsia, dissimulamos o real motivo da negociação. Por exemplo, a demissão de um diretor que tenha lesado a empresa pode ser tratada, disfarçadamente, como uma reestruturação por meio da eliminação de sua área.

B) Acordos com interesses políticos:

Grupos que disputam o poder – e isso acontece em todas as organizações –, frequentemente, trocam apoios, tanto para fortalecer suas posições quanto para enfraquecer os grupos adversários. No entanto, nenhum dos envolvidos admite explicitamente que está defendendo aquele projeto apenas porque, com isso, conseguiria o apoio de outra área no momento em que pleitear a gerência da nova unidade que será aberta daqui a dois meses. E, muito menos, admitirá que seu apoio a um projeto se prende ao fato de que aquilo enfraquecerá um rival.

C) Resquícios do passado:

Frequentemente, é necessário dar alguma compensação ou prestigiar alguém que tenha sido prejudicado em alguma decisão anterior, ou que nos tenha feito algum favor pelo qual nos sintamos devedores, ou que, por lealdade ao chefe, tenha se prejudicado. Em outras situações, buscamos o contrário, ou seja, "dar o troco" a alguém que nos prejudicou no passado.

D) Efeito plateia:

Geralmente, a existência de efeito plateia leva os envolvidos a entrarem em conluio no jogo de cena.

Identificação da agenda oculta

O principal entrave ligado à agenda oculta é identificar a situação. Provavelmente, o indício mais claro e evidente de agenda oculta é a constatação de irracionalidade aparente – ou seja, quando observamos pessoas defendendo propostas que, à primeira vista, mostram-se insensatas.

Cabe aqui um conselho: insensato é quem pensa que os outros são insensatos – ou seja, o fato de não entendermos as motivações alheias não significa que os outros não tenham bons motivos. O problema é que tais motivos não são visíveis, justamente devido à agenda oculta.

Identificada a irracionalidade aparente, o próximo passo é buscar possíveis explicações alternativas que façam sentido. Nem sempre se encontrará a causa verdadeira, mas o simples fato de se constatar a existência de agenda oculta já evita uma série de erros.

Cuidados com a agenda oculta

Uma vez identificada a possível existência de agenda oculta, a forma de tratá-la é delicada. Alguns cuidados devem ser tomados:

A) Não fazer deduções precipitadas:

Mesmo que identifiquemos a irracionalidade aparente, podemos estar muito longe de descobrir os reais motivos que levam à materialização da agenda oculta. Se tomarmos qualquer decisão com base em nossas percepções iniciais, a avaliação incorreta quanto aos reais motivos pode ser ainda mais danosa do que se não considerarmos a possibilidade de agenda oculta.

B) Investir no reconhecimento da situação:

Devemos ficar atentos, fazer muitas perguntas – de preferência, para várias pessoas – e, sempre que for possível, repetindo a mesma pergunta com diferentes enunciados, para nos certificarmos da consistência da resposta. Ao checar várias fontes sobre os mesmos aspectos, ouvindo suas explicações conseguimos, progressivamente, identificar partes do cenário, mesmo que tais pessoas tentem disfarçar os reais motivos.

Se a negociação for em grupo, podemos nos valer das pessoas com quem temos maior abertura para identificar as reais motivações ou levantar informações complementares. Dessa forma, é possível tecer, pouco a pouco, um quadro que, certamente, será incompleto, mas que já nos oferecerá algum embasamento mais sólido.

C) Jamais explicitar em público desconfiança sobre a existência de motivos ocultos:

Explicitar a desconfiança de motivos ocultos fará com que todo o grupo se aglutine contra nós. Quando se explicita a desconfiança, além de ofender aquelas pessoas, chamando-as de mentirosas, não lhes daremos alternativa a não ser negar nossas suspeitas.

Ademais, mesmo que identifiquemos corretamente a existência de agenda oculta, sempre correremos o risco de ter feito uma avaliação imprecisa quanto aos reais motivos.

D) Desmascarar em particular:

Quando tivermos uma razoável certeza sobre a existência de agenda oculta e sobre seus prováveis motivos, devemos trazer o problema à tona, mas com muito tato e sempre em conversas a dois – visto que, como regra geral, indivíduos tendem a ser menos conservadores do que grupos.

E) Abordar "pisando em ovos":

A aproximação precisa ser feita com todo tato e bom senso, mais no sentido de pergunta do que de acusação. Frases do tipo "Apesar de estar me esforçando para oferecer boas propostas, não estou conseguindo entender direito o contexto." ou "Parece que me falta algum dado..." costumam ser muito mais eficazes do que abordagens grosseiras como "Vocês estão me escondendo alguma coisa.".

Vejamos um primeiro exemplo de agenda oculta:

O presidente da empresa resolve demitir uma de suas gerentes e tem de decidir com os outros diretores a consequente indenização que lhe será paga. Os argumentos são perfeitamente racionais, a saber, "Ela não vem desempenhando bem suas funções.", "Os funcionários a ela subordinados descumprem suas ordens.".

Entretanto, a proposta de acordo supera em várias vezes o que a legislação estabelece e, mesmo que o presidente considere todo e qualquer apreço à gerente, a proposta de acordo está muito alta, completamente fora do razoável.

Um dos diretores protesta, dizendo que a indenização proposta é exagerada, que vai criar precedentes, etc., no que é acompanhado por vários outros diretores. Esses diretores não sabem, no entanto, que aquela gerente foi flagrada em alguma atitude que, se exposta publicamente, poderia gerar um enorme escândalo, por vezes com implicações legais para a empresa e, por extensão, para seus funcionários.

Dessa forma, o presidente e os demais diretores decidem "pôr uma pá de cal" sobre o assunto e fazer um acordo para evitar que o problema venha à tona. Mas isso jamais será explicitado em público, quando muito em uma conversa a portas fechadas.

Esse tipo de exemplo é muito mais comum do que imaginamos. Por isso, estamos apenas relatando o que acontece nas organizações, sem emitir nenhum juízo de valor.

Ora, uma vez que o que está realmente na pauta não é o que se explicita, o diretor que desconhece os fatos e se manifesta em contrário acaba se desgastando e se aborrecendo inutilmente. Seus argumentos – por mais lógicos e sensatos que sejam – são, sistematicamente, deixados de lado.

Negociação /

Ainda que lógicas do ponto de vista da pauta explícita, suas ponderações não fazem nenhum sentido no caso da agenda oculta.

Vejamos outro exemplo:

Imagine que você tenha sido chamado pela diretoria de uma empresa com a qual sua firma sempre teve um bom relacionamento.

Durante a reunião, o diretor comenta que gostaria de agradecer pelos serviços prestados ao longo dos anos e que, dali por diante, passaria a trabalhar com outro prestador de serviços.

As explicações dadas e os motivos apresentados não convencem e, para completar o quadro da insensatez aparente, o referido diretor diz que só resolveu chamar você pessoalmente para deixar claro que não se tratava de nada pessoal, nem de nenhuma retaliação a qualquer atitude sua ou de sua firma.

Nunca se pode ter certeza, mas os indícios sugerem que haja algo mal resolvido e que, provavelmente, a real motivação é outra.

Talvez a pessoa que contrata e usa seus serviços tenha agido de forma inadequada, e haja a suspeita de que sua firma tenha sido omissa ou conivente.

Talvez o novo vice-presidente tenha contato com outro prestador de serviços e esteja pressionando para transferir os negócios para a firma de um amigo.

Talvez haja outros motivos obscuros nessa decisão.

O fato é que, se você buscar argumentar segundo uma linha lógica aparente – ou seja, oferecendo vantagens para que o cliente mantenha o contrato –, o provável resultado será nulo, uma vez que o problema é de outra natureza.

Sintetizando, a agenda oculta precisa ser identificada porque, sem isso, todo esforço tende a ser inútil. Mais uma vez, a solução para o problema encontra-se além da mesa.

No caso apresentado, de aparente irracionalidade, é preciso que você faça um trabalho cuidadoso, sondando diversas pessoas dentro da empresa-cliente para tentar identificar as possíveis causas do problema. Talvez você descubra, por exemplo, que a empresa-cliente esteja planejando uma inovação em seus processos de trabalho.

Por qualquer motivo, o responsável pela decisão acredita que sua firma não teria a capacitação adequada. Contudo, por questões pessoais, evita dizer a verdade para não magoar você.

De posse dessa informação, suas chances de reverter o quadro aumentam. Você pode, por exemplo, convidar o cliente para visitar sua área de pesquisa e desenvolvimento e mostrar-lhe uma competência que ele desconhece ou subestima.

No entanto, sem identificar a agenda oculta, você tenderia a seguir o caminho tradicional – oferecer descontos e vantagens – com baixíssimas chances de sucesso.

Expansão do modelo

Negociações em grupos

Por uma questão de simplificação, temos tratado sempre da "mesa" de negociação com apenas duas partes diretamente envolvidas, isto é, nós e nosso interlocutor.

Naturalmente, existem negociações com somente duas partes, mas há também casos em que os acordos envolvem múltiplas pessoas diretamente "sentadas à mesa", negociando em seu próprio nome ou como representantes de terceiros.

As negociações em grupos têm outros elementos que tendem a sofisticar a necessidade de análise, quais sejam:

A) Divergências múltiplas:

A tendência é que quanto mais partes estiverem envolvidas no processo, maior será a desagregação de interesses e, por conseguinte, mais difícil torna-se a busca do consenso.

Salvo raras exceções, cada um dos envolvidos tem, em relação aos demais, poucos pontos de convergência e muitas divergências.

B) Formação de alianças naturais:

Ocorre quando, ainda que apresentem divergências, duas ou mais partes têm uma razoável superposição de interesses, especialmente naqueles pontos que lhes sejam mais relevantes.

Por terem interesses comuns, as partes compõem-se e buscam-se impor conjuntamente, aumentando seu poder de pressão sobre os demais membros do grupo.

C) Surgimento de adversários naturais:

Ocorre quando, pelo contrário, duas ou mais partes apresentam significativa divergência de interesses nos pontos mais relevantes. O risco de adversários naturais é que eles formem alianças com outras pessoas, justamente para barrar decisões contrárias a seus interesses.

D) Formação de alianças circunstanciais:

Ocorre quando duas ou mais partes formam uma coalizão para troca de apoios mútuos, justamente por não terem superposição de interesses comuns – ou seja, o que é importante para um é pouco relevante para os outros.

Um erro grave em negociação em grupos é ignorar a possibilidade de alianças circunstanciais desfavoráveis. Na verdade, é comum que as alianças circunstanciais, por serem subestimadas, acabem por decidir muitas negociações em grupos, visto que a soma dos votos tende a adquirir um peso enorme na definição do resultado global – fato observado no meio político, especialmente em votações de temas controversos.

E) Grupos dentro do grupo:

As pessoas aglutinam-se em várias células, com diversas composições, de acordo com o que esteja na pauta naquele momento. Isso quer dizer que o fato de haver um grupo mais ou menos coeso em um determinado momento não significa que tal unidade não possa ser facilmente quebrada quando outro assunto entrar em discussão. Essa situação torna-se mais comum à medida que aumenta o tamanho do grupo.

Composição da mesa

Uma característica de negociações em grupos é que a composição da mesa pode variar bastante, especialmente no caso de múltiplas rodadas.

Nas negociações em grupos, é comum ocorrerem ausências, substituição de representantes. Essas alterações na mesa obrigam a uma reanálise para ajuste do quadro anteriormente delineado.

Por vezes, a substituição de pessoas pode ser motivada pela insatisfação do grupo de nosso interlocutor, ou seja, dos indivíduos representados pela pessoa que estava "sentada à mesa". Nesse caso, a mudança de postura tende a ser inevitável – em geral, com endurecimento.

Outro aspecto de negociações em grupos é que, comumente, as discussões ocorrem em diferentes níveis de agregação, simultaneamente ou não.

Por exemplo, durante uma reunião para definição do orçamento do exercício seguinte, é comum que os participantes sejam divididos em equipes, cada uma das quais devendo delinear e apresentar propostas sobre determinado assunto. Ou seja, onde antes tínhamos um aliado, podemos agora ter um risco potencial de efeito plateia!

Nesse contexto, é necessário, em primeiro lugar, conseguir o consenso da equipe que preparará a proposta e, em um segundo momento – quando da apresentação da referida proposta da equipe –, buscar a aprovação do grupo maior.

Além disso, é essencial levarmos em conta o fato de que quanto mais partes envolvidas houver, maior será o risco de erros na leitura do macroambiente. A assimetria de informações, que já era enganosa em uma análise bidimensional, passa a ser um problema multidimensional.

Cada envolvido, portanto, apresenta assimetrias múltiplas em relação a cada outro participante.

Se, em uma negociação bilateral, já existe um risco considerável de falhas na interpretação do cenário por conta da assimetria de informações, esse problema tende a crescer exponencialmente à medida que cresce o número de partes envolvidas no processo.

Limitações do modelo

Assim como qualquer outro modelo conceitual, esse também tem suas limitações. A mais significativa delas é que dependemos, quase que exclusivamente, de nossa avaliação pessoal para vislumbrar os diversos palcos e cenários em que se desenrola a ação.

Evidentemente, é muito bom para nós contar com um modelo conceitual abrangente, que compreenda diversos aspectos geralmente esquecidos ou subestimados. Esse quadro razoavelmente detalhado auxilia no processo decisório e na escolha de ações que têm maiores chances de sucesso.

Contudo, há um risco não desprezível ligado a estereótipos: a vida real demonstra que as interpretações são afetadas por nossos medos, nossos anseios, nossos desejos, nossas fantasias. Por isso, a montagem do cenário deve ser feita com todo cuidado possível.

Se cometermos erros em nossas avaliações e começarmos a agir acreditando cegamente em deduções imprecisas, poderemos comprometer tanto a substância da negociação como também os relacionamentos com as outras pessoas envolvidas no processo.

Incoerência sem agenda oculta

Há ainda outro ponto que merece destaque: a *incoerência sem agenda oculta*. Frequentemente, observamos a existência de um comportamento aparentemente irracional, o qual sugere uma agenda oculta que, na realidade, não existe.

Geralmente, nosso interlocutor agirá de forma aparentemente irracional por razões obscuras – sua escala de valores, seus medos e seus anseios podem ter componentes que podem passar despercebidos.

Isso se dá por um simples motivo: jamais nos preocuparíamos com certas coisas que, para o outro lado, podem ser vitais embora não tenham uma relação direta com a substância da negociação em si.

Tomemos o exemplo de suposta agenda oculta visto anteriormente, no caso em que um cliente corporativo quer encerrar o relacionamento com a firma que você gerencia. Diante dessa situação, existe, de fato, a hipótese de se tratar de um caso típico de agenda oculta, mas devemos considerar também a possibilidade de o problema estar apenas na necessidade de um "afago no ego", ou seja, aquela pessoa simplesmente precisa de uma palavra de reconhecimento – geralmente, até para se justificar perante seus pares –, mas jamais explicitaria isso.

Essa situação pode ser fruto também de algum mal-entendido em que, por vaidade, os envolvidos não querem confessar sua incapacidade de compreender o que se passou.

Mas há outras incontáveis hipóteses. Não se pode descartar, por exemplo, a possibilidade de o presidente da empresa-cliente ter-se aborrecido com alguma brincadeira ou anedota sua. A recomendação é: use o modelo, construa uma imagem ampla sobre a realidade, mas evite os estereótipos e tome cuidado para não se tornar refém de suas próprias fantasias.

Agora que o modelo conceitual está formado, convém investir no entendimento da importância das alternativas e das armadilhas que se apresentam no momento de sua avaliação.

Autoavaliações

Questão 1:

Em negociação, é comum a utilização da metáfora "sentar-se à mesa" como uma representação do ato de negociar.

Entretanto, as maiores implicações de uma negociação estão "além da mesa", o que significa:

a) considerar a opinião de pessoas a quem, embora em outro plano da negociação, devemos prestar contas.
b) atentar para os dois ou mais indivíduos que se encontram à frente da discussão, procurando antever decisões.
c) manter o foco da negociação nos interesses de eventuais fornecedores que possam oferecer vantagens adicionais.
d) olhar para os interesses de todas as pessoas que se encontram diretamente envolvidas – ainda que de forma discreta – no primeiro plano da negociação.

Questão 2:

Muitas vezes, o interlocutor está mais propenso a aceitar nossas propostas do que o grupo ao qual ele pertence. Esse tipo de interlocutor é um aliado à mesa. Porém, devemos evitar que esse interlocutor seja substituído por outro que não irá se associar a nós tão facilmente.

Para evitar essa substituição e a consequente perda do aliado, devemos:

a) trocar a cumplicidade pela discussão.
b) fortalecer a posição do interlocutor perante seu grupo.
c) dizer ao grupo que a negociação só continua com aquele interlocutor.
d) fazer com que ele se indisponha com o chefe, para que o chefe perceba o valor de nossa proposta.

Questão 3:

Por maior que seja o alinhamento entre nosso interlocutor e o grupo ao qual ele pertence, sempre existirão dissonâncias entre eles.

Quando nosso interlocutor dispõe de informações não compartilhadas com seu grupo, podemos afirmar que essa é uma dissonância que se origina de:

a) medos e anseios.
b) tolerância ao risco.
c) preferências pessoais.
d) assimetria de informações.

Questão 4:

Em uma negociação, o ideal é que o interlocutor se torne nosso aliado, convencendo seu grupo de que nossa proposta é interessante.

Nesse caso, o primeiro passo para sermos bem-sucedidos é:

a) trocar a discussão pela cumplicidade.
b) elogiar o interlocutor perante seu grupo.
c) fortalecer a posição do interlocutor dentro de nosso grupo.
d) oferecer vantagem pecuniária ao interlocutor caso a proposta seja aceita.

Negociação /

Questão 5:

Há casos em que o que está sendo negociado, de fato, não é aquilo que se explicita, mas sim alguma outra coisa que se encontra intencionalmente dissimulada.

Esses casos, que constituem grande assimetria de informações, são chamados de:

a) efeito plateia.
b) agenda oculta.
c) situações de risco.
d) informações estratégicas.

Questão 6:

Um dos interlocutores pode ter seu interesse mais focado em impressionar alguém do que na substância de um eventual acordo.

Quando isso ocorre, estamos diante de um fenômeno chamado:

a) efeito plateia.
b) afago no ego.
c) agenda oculta.
d) cobrança externa.

Coleção Gestão empresarial

Questão 7:

Além das negociações com somente duas partes, há os casos em que os acordos envolvem múltiplas pessoas diretamente sentadas à mesa, negociando em seu próprio nome ou como representantes de terceiros.

Quando duas ou mais partes apresentam significativa divergência de interesses nos pontos mais relevantes, podemos dizer que são:

a) adversários naturais.
b) divergências múltiplas.
c) alianças circunstanciais.
d) grupos dentro do grupo.

Questão 8:

Nossa atitude à mesa de negociação é influenciada por pessoas que não estão presentes e, provavelmente, nunca estarão, nem participarão diretamente das discussões.

A partir do momento em que levamos em conta que devemos dar satisfação aos outros em relação aos nossos atos, estamos afetando nosso:

a) efeito plateia.
b) adversário natural.
c) processo decisório.
d) nível de agregação.

Negociação /

Questão 9:

Há acordos que envolvem múltiplas pessoas negociando em nome próprio ou representando terceiros. Nesses casos, estamos diante de negociações coletivas.

Entre os aspectos desse tipo de negociação, podemos destacar a formação de alianças naturais, que ocorre quando:

a) duas ou mais partes têm uma razoável superposição de interesses, ainda que apresentem divergências.

b) as partes se unem apesar de apresentarem significativa divergência de interesses nos pontos mais relevantes.

c) há uma coalizão para troca de apoios mútuos, justamente por não existir superposição de interesses comuns.

d) as pessoas se aglutinam em várias células, com diversas composições, de acordo com o que esteja na pauta naquele momento.

Questão 10:

É improvável que nosso interlocutor tenha exatamente as mesmas preferências e a mesma forma de pensar que o grupo com quem ele convive.

Por maior que seja o alinhamento entre nosso interlocutor e o grupo dele, sempre existirão:

a) omissões.

b) demissões.

c) dissonâncias.

d) afagos no ego.

Módulo III – Alternativas em negociação

Módulo III – Alternativas em negociação

Conforme vimos, o negociador precisa contar com alternativas, uma vez que elas devem ser o único parâmetro para aceitar ou rejeitar propostas. Em outras palavras, quanto melhores forem suas alternativas, maior a possibilidade de ele conseguir impor termos mais vantajosos ao acordo. Aqui, o reverso também é verdadeiro: quanto mais frágeis forem suas alternativas, mais você terá de se sujeitar a acordos ruins por absoluta falta de opção.

Até agora, vimos a negociação como algo que se soluciona além da mesa. Neste módulo, aprofundaremos a questão da análise de alternativas e dos principais erros em que os negociadores incorrem.

Refletiremos, ainda, sobre a complexidade do processo decisório em negociações, identificando os motivos que contribuem para isso. Nosso objetivo é sinalizar pistas, a fim de que possamos nos manter atentos e evitar as armadilhas de uma negociação.

Desenvolvimento de alternativas

Primeiramente, cabe uma explicação: alternativa é aquilo que se fará caso não se consiga obter o acordo. Em outras palavras, é o chamado "plano B" e isso não será negociado com a outra parte.

Simplesmente, a alternativa é um parâmetro para aceitar ou recusar propostas. Se o melhor que se consegue do outro lado é menos atraente que a alternativa, é hora de recusar a proposta e partir para o "plano B". Por outro lado, se a proposta final que o outro lado nos oferece é "menos ruim" que a alternativa, é hora de aceitar – mesmo que tal proposta esteja longe do desejável.

Formulação de alternativas

Alternativas são dinâmicas e novas possibilidades surgem ao mesmo tempo em que se fecham portas anteriormente abertas. Por isso, as alternativas podem e devem ser revisitadas durante o processo de negociação. Desenvolver alternativas é um processo que demanda esforço e tempo – geralmente, em altas doses.

Entretanto, tudo que investimos no desenvolvimento de alternativas tem boas chances de ser compensado. É importante frisar que as boas alternativas são filhas do otimismo e da perseverança – ou seja, se desistir por antecipação, o negociador não conseguirá chegar a uma lista consistente de alternativas, que, efetivamente, possam ajudá-lo a melhorar os termos do acordo.

Evidentemente, esse trabalho deve ser feito *a priori*: o ideal é que, já desde a primeira rodada de negociações, tenhamos bem estruturadas as possíveis alternativas, caso fracasse a busca pelo acordo. O processo de desenvolvimento de alternativas – seja feito por um indivíduo ou um grupo de pessoas – consiste basicamente em quatro passos:

A) Levantamento e organização de alternativas – coleta de informações em que a palavra-chave é criatividade; qualquer coisa pode ser sugerida, sem limites ou restrições:

- anotar cada ideia, mesmo que, à primeira vista, possa parecer inexata ou inexequível.

B) Avaliação das alternativas – detalhamento da possível operacionalização das alternativas; classificar as alternativas por preferência (ótima, boa, ruim; primeira opção, segunda, terceira) e descartar as alternativas que se mostrarem absolutamente fora de propósito.

C) Estudo detalhado das melhores alternativas; avaliação dos pontos fortes e das vulnerabilidades das alternativas:

- aperfeiçoar as alternativas;
- reposicionar a escala de preferências das alternativas.

D) Seleção da melhor alternativa – escolha da alternativa a ser tomada como parâmetro de comparação para aceitar ou recusar as propostas recebidas. É nesse momento que se define a possível rota de fuga – definição do que pode ser feito, caso a melhor alternativa venha a ser recusada. É o chamado "plano B".

Economia de tempo

É muito comum, por falta de tempo, negligenciarmos este importante passo que é o *desenvolvimento de alternativas*. Entretanto, a suposta economia de tempo por não fazê-lo é puramente ilusória.

Na verdade, o tempo que investimos no desenvolvimento de alternativas, antes da primeira rodada, fará com que evitemos um enorme desperdício de tempo no processo de negociação em si. Vejamos, na figura 4, uma representação gráfica disso:

Figura 4
Desenvolvimento de alternativas

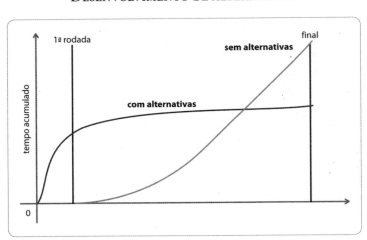

Além de reduzir o estresse, a prévia identificação de alternativas ajuda-nos, significativamente, a ser mais eficientes, pois evita que desperdicemos nossos esforços.

Se não temos tempo a perder, temos de investir no desenvolvimento prévio de alternativas. Entretanto, muitas pessoas negligenciam essa etapa – na verdade, não por falta de tempo, mas por excesso de autoconfiança, pensando algo como "Na hora, darei um jeito.".

Vamos supor a seguinte situação:

> Você gerencia uma unidade que utiliza serviços de terceiros para impressão de documentos.
>
> Recentemente, depois de um tumultuado processo licitatório, foi contratada uma empresa com sede em outra cidade para executar tal serviço, segundo parâmetros de qualidade e de volume, conforme especificações do edital e do contrato.

continua

Entretanto, logo de início, após o pagamento da primeira parcela (de 10% do valor correspondente a um ano de serviços), ficou patente que aquela empresa não reunia as condições ideais para dar conta daquilo a que se propôs.

Diante disso, você decide conversar com um diretor daquela empresa, visando buscar uma solução para o problema. Nesse momento, você tem duas escolhas:

- simplesmente ir à reunião, sem ter alternativas à mão;
- investir um tempo antes do encontro para desenvolver algumas alternativas.

Se decidir comparecer à reunião sem uma análise prévia de alternativas, são grandes as chances de a discussão incorrer em acusações mútuas – o que, além de não resolver o problema, tende a complicar ainda mais a situação, dado o inevitável envolvimento emocional de ambas partes.

Agora imagine a mesma discussão, tendo em mãos as seguintes alternativas, já validadas por seu departamento jurídico e escolhidas como as melhores, caso você não chegue a um consenso com o prestador de serviços:

- rescisão do contrato por descumprimento de uma cláusula, que previa que o prestador de serviços deveria contar com equipe especializada em número suficiente antes do início da execução do contrato, coisa que, obviamente, não aconteceu.
- contratação da empresa que se classificou em segundo lugar na licitação, a qual vem prestando serviços para outra unidade de sua empresa, sem qualquer problema.

De posse das duas alternativas apresentadas – rescisão do contrato ou contratação da segunda empresa classificada na licitação – e, principalmente, sabendo que ambas estão respaldadas por pareceres da área jurídica, a condição de discutir uma solução definitiva é incomparavelmente melhor do que seria em um mero encontro, no qual desconhecêssemos exatamente o que poderia e o que não poderia ser feito.

Sem as alternativas, correríamos o risco de ficar nas mãos do prestador de serviços – que talvez tendesse a postergar ao máximo a real solução do problema. Entretanto, mostrando-lhe que existe uma chance concreta de ele perder o contrato, não só sua propensão a superar as pendências será maior como também teremos mais tranquilidade para decidir que promessas aceitaremos ou deixaremos de aceitar e quais garantias adicionais pediríamos para concordar com sua proposta.

As pessoas, em geral, apresentam uma série de comportamentos irracionais, que distorcem a análise de alternativas, valorizando algumas e subestimando outras. Qualquer imprecisão na análise de alternativas pode custar caro para o negociador.

Observemos um exemplo envolvendo a venda de um imóvel:

> Você tem uma casa e decide vendê-la. Após avaliar cuidadosamente o mercado da região, conclui que ela vale R$ 140 mil.
>
> Por coincidência, antes mesmo de você falar com alguma imobiliária, um conhecido seu oferece-lhe R$ 135 mil, em uma negociação direta, sem intermediários e sem corretagem.
>
> Para certificar-se de que sua decisão será correta, você vai a uma imobiliária da região e, em vez de perguntar quanto valeria sua casa (sem revelar quem você é e qual seu real interesse), pergunta-lhes se eles têm algo à venda em seu bairro.
>
> A resposta da imobiliária é que existe um imóvel idêntico ao seu, duas quadras mais longe do comércio local, sendo oferecido por R$ 143 mil.

continua

Negociação /

Você visita a tal casa e vê que ela se encontra no mesmo estado de conservação que a sua. Com duas quadras mais longe do comércio local fazem aquela casa valer menos, você conclui que deve rejeitar a proposta de seu conhecido.

Ao recusar a proposta de seu conhecido, você deixa de receber R$ 135 mil, visando os R$ 143 mil ou R$ 8 mil a mais que supostamente conseguirá vendendo o imóvel para outra pessoa.

Sua análise, entretanto, ignorou que, ao usar os serviços da imobiliária, você pagará cerca de 6% a título de comissão. Só aí, já se dissolveu todo o suposto lucro adicional.

Sua análise pode também conter julgamentos inverídicos. Nada assegura que casas situadas duas quadras mais longe do comércio sempre valerão menos que casas em quadras mais próximas – podem até valer mais, se a proximidade criar, por exemplo, transtornos como dificuldades para estacionar ou barulho em excesso.

Além disso, você pode praticamente apostar que o outro imóvel que está à venda por R$ 143 mil provavelmente será vendido por menos se o proprietário receber uma oferta de R$ 138 mil ou, quem sabe, até mesmo, de R$ 135 mil.

Portanto, para não receber "R$ 8 mil a menos" do que supostamente seria o mercado (seu julgamento inicial), você troca R$ 135 mil hoje por possíveis R$ 135 mil ou R$ 140 mil daqui a alguns meses – e ainda vai ter de gastar mais que R$ 8 mil com a corretagem. Enfim, trocou R$ 135 mil certos por R$ 132 mil incertos – ou ainda menos. Ademais, a venda poderá levar alguns meses, com o consequente custo de impostos e taxas – isso para não discutir o rendimento do dinheiro, se aplicado desde já.

Vejamos outro exemplo:

Você fabrica bolos e pães e trabalha com uma margem usual de 25% brutos sobre o preço de compra de matérias-primas.

Você acabou de receber um lote de matérias-primas, pelo qual pagou R$ 200 mil.

No dia em que a mercadoria chegou, ocorreu uma mudança no quadro de fornecedores internacionais, que elevou em 50% o custo do produto.

No dia seguinte, você recebe uma oferta de R$ 320 mil pela matéria-prima comprada e decide vender, em face de um lucro imediato de 60%. O senso comum diria que você fez um ótimo negócio.

Evidentemente, uma análise mais fria mostrará que não houve, de fato, vantagem nenhuma naquela venda, pois, quando precisar repor a mercadoria, você pagará por ela R$ 300 mil – pouco menos que recebeu pela anterior. Ademais, comprometerá sua produção – ou seja, reduzirá seu lucro – e ainda terá de arcar com impostos, custo de armazenagem, transporte.

A ideia de estoque comprado a preço antigo é amplamente usada no comércio e na indústria – em especial, nas atividades mais informais. É muito comum determinarmos o preço do produto levando em conta o custo histórico das matérias-primas, quando, na realidade, o sensato seria fazer os cálculos tomando como base o custo de reposição – ou, ainda melhor, o custo de oportunidade, ou seja, o que se deixa de receber por fazer aquela transação. Isso vale tanto quando o custo aumenta como quando ele cai.

Por mais que essa atitude possa parecer lógica para alguns – e esse é um mito enraizado em nossa cultura –, vamos inverter o sinal do episódio.

> Suponha que, em vez de aumentar o preço da matéria-prima, a mudança no quadro de fornecedores internacionais tenha reduzido o preço em 50%.
>
> Como você não irá precisar tão cedo desse material, resolve realmente vendê-lo. No dia seguinte, você recebe uma proposta de compra de R$ 150 mil, que é prontamente rejeitada por estar abaixo do que você pagou.
>
> Ainda que, à primeira vista, haja alguma lógica, é pura insensatez você insistir em vender a mercadoria por R$ 200 mil para recuperar o que investiu.
>
> O mais provável é que, se você superestimou sua necessidade de material, você passe meses com a mercadoria encalhada, tenha de arcar com os custos financeiros e de armazenagem e, no final das contas, acabe vendendo o produto acabado por R$ 125 mil – ou seja, o novo valor de R$ 100 mil, mais a margem de 25%.

Complexidade do processo decisório

Os exemplos que até aqui analisamos ilustram situações em que a decisão foi tomada de forma precipitada, sem levar em conta as alternativas disponíveis. Tal fato sinaliza que o processo decisório em negociações costuma ser complexo por vários motivos:

A) Apego emocional:

Por vezes, atribuímos a algum bem um valor desligado da realidade, imaginando que outras pessoas também apreciarão determinado detalhe. Muitas vezes, aquilo que consideramos importante ou valoroso não interessa ao outro. Consideremos o seguinte exemplo envolvendo "apego emocional":

> Quando vão vender suas casas, é comum que as pessoas façam uma avaliação muito acima da realidade, dado seu envolvimento emocional com o imóvel.
>
> Esse envolvimento se dá, em especial, em relação às características pessoais que lhe conferiram – alguma reforma, elementos de arquitetura, etc. –, que podem até ser de seu gosto, mas que talvez cheguem mesmo a desvalorizar o bem.
>
> A eliminação de cômodos – por exemplo, juntando-se o quarto de empregada à área de serviços ou ampliando-se a sala à custa de um dormitório a menos – mais desvaloriza do que valoriza um imóvel.
>
> Contudo, quem faz isso, geralmente, imagina que os possíveis compradores estarão dispostos a pagar um preço maior por conta dessa modificação, "porque custou uma nota".

Os bens tendem a ser sobrevalorizados em função do apego emocional. Considere os seguintes exemplos:

- equipamentos que tenham desempenhado um papel importante na história da empresa;
- tecnologias que tenham consumido muito tempo em seu desenvolvimento;
- recursos que podem ter custado a vida de alguém no passado.

O oposto também ocorre, ou seja, desvalorizamos alguma coisa pelo fato de ela trazer lembranças ruins ou algo assim. Um bom exemplo de apego emocional é a necessidade de reestruturar o *layout* de uma loja para agilizar o atendimento. Aqueles que se envolveram com a definição do formato anterior tendem a se mostrar pouco receptivos às mudanças propostas, mesmo quando se torna claro que o modelo anterior está inadequado diante das novas necessidades do mercado.

Outro exemplo de apego emocional é confundir o investimento ou o trabalho que se teve para chegar a algo com o valor real daquele bem.

São comuns casos de empresas que insistem em utilizar sistemas de informações que já não respondem às necessidades básicas de seus negócios porque precisam "amortizar o investimento".

Na realidade, mais sensato seria abandonar aquela tecnologia (que está inibindo o crescimento dos negócios) e partir para algo mais alinhado às reais necessidades: mesmo que custe caro, pode trazer retornos mais vantajosos.

B) Desconhecimento da dinâmica do mercado:

Vejamos um exemplo:

> – Paguei US$ 3 milhões por esta máquina!
>
> Essa ideia não é, nem de longe, um parâmetro para o preço de venda do equipamento, quatro ou cinco anos depois, especialmente quando há mudanças relativas à política cambial.
>
> Ainda que fosse razoável esperar que se recuperasse o investimento caso tal máquina fosse vendida no dia seguinte ao da aquisição, temos de considerar, entre outras coisas, a obsolescência, a depreciação pelo uso, a abundância ou a escassez de oferta.

C) Informações irrelevantes:

As informações irrelevantes também atrapalham o processo decisório:

> – O custo desta mercadoria é x.
>
> Esse pode ser um dado absolutamente irrelevante para estipular seu preço de venda. O que interessa é um composto que leve em conta o custo de reposição (que pode ser maior ou menor que o custo de aquisição)

continua

Coleção Gestão empresarial

> e as possibilidades de venda a determinado preço (haja vista os produtos sazonais, tais como jogos eletrônicos ou artigos de moda, que são muito sensíveis ao momento) e a obsolescência, que faz com que determinados produtos percam valor.

No mundo dos negócios, as informações irrelevantes podem manifestar-se, por exemplo, em contratos de prestação de serviços terceirizados.

Uma vez contratado o serviço, passa a ser irrelevante uma eventual queda nos salários médios do pessoal contratado – porém, em geral, se isso ocorre, o contratante sente-se no papel de bobo.

D) Superestimação de alternativas:

Vejamos um exemplo:

> Procurando uma prensa usada para substituir a de sua empresa que realmente não tem conserto, você percorre cinco lojas que vendem equipamentos de segunda mão.
>
> Na primeira e na última, você encontra prensas em bom estado. Ambas são do mesmo modelo, mesmo fabricante e estão no mesmo estado de conservação.
>
> Quando está na quinta loja, você desiste da compra, porque aquela prensa está um pouco mais cara do que a da primeira loja. Entretanto, ao voltar à primeira loja, constata que a prensa que você queria foi vendida.
>
> Enfim, nada assegura que uma proposta vista anteriormente ainda continue válida.

No mundo dos negócios, é comum observarmos processo semelhante, em que o cliente exige uma vantagem que lhe foi oferecida tem-

Negociação /

pos atrás, por uma empresa concorrente, insistindo em obter a mesma condição junto ao fornecedor atual.

Ao ver negada sua pretensão, o cliente pode, simplesmente, romper o relacionamento sem avaliar as alternativas disponíveis, mesmo que isso o obrigue a, no futuro, ter de conviver com serviços piores e até um pouco mais caros.

E) Informações pouco confiáveis:

Recusamos ou aceitamos ofertas com base no que chamamos *valor de mercado*, sem considerar que o tal valor de mercado, além de ser uma mera referência (por vezes, imprecisa), geralmente não leva em conta custos da transação – seu tempo, seus impostos, suas taxas, sua corretagem, etc.

Ademais, *valor de mercado* é uma expressão que só tem sentido quando falamos de *commodities*. Por exemplo, qual é o valor de mercado de um serviço de consultoria, de um abajur antigo ou de um sítio em um condomínio fechado?

Em cada um desses três casos, o valor de mercado não pode ser expresso por um número, mas por um intervalo de confiança – e não custa lembrar que o intervalo de confiança, por definição, não abrange todas as possibilidades, mas apenas as mais prováveis. Mesmo que um corretor especializado diga "o sítio naquele condomínio vale de R$ 200 mil a R$ 250 mil", nada assegura que alguém não ponha um à venda por R$ 180 mil, ou que um interessado não vá pagar R$ 280 mil por um sítio naquele local.

Um exemplo de aplicabilidade dessa dificuldade encontra-se na elaboração de um orçamento para contratação de serviços terceirizados.

Por exemplo, os serviços de um garçom, em que se leva em conta uma tabela de preços publicada em um jornal. Ainda que isso nos sirva como ponto de partida de reflexão, jamais deve ser adotado como critério, uma vez que a tabela publicada nos jornais não capta sutilezas como:

- qualidade do serviço;
- valor total do contrato;
- porte da empresa que contrata o serviço;
- tipo de habilidade requerida naquele caso específico.

Mito do "bolo de tamanho fixo"

Frequentemente, propostas são recusadas por serem boas demais, o que gera certa desconfiança de que o outro lado estaria agindo com intenções escusas e dissimuladas. Vejamos um exemplo:

> Uma proposta de desconto de 3% no fornecimento de matérias-primas, caso o comprador antecipe o pagamento, pode levar-nos a crer que estamos sendo enganados.
>
> Raciocinamos na base do "Afinal, por que tudo isso, se o custo do dinheiro no período é de apenas 1%?".
>
> Contudo, para o fornecedor, talvez o desconto de 3% seja muito mais interessante do que o pagamento contra entrega porque, por exemplo, ele pode estar sem liquidez naquele momento, e seu custo para tomar um empréstimo seria da ordem de 6% ou mais.

Esse erro de avaliação (recusar a proposta porque ela é "boa demais") parte do pressuposto irreal de que todas as pessoas têm necessidades iguais e preferências idênticas.

Por exemplo, embora possa, à primeira vista, parecer que não há interesses convergentes, uma solução possível de ganhos mútuos é a negociação ou a renegociação de contratos de financiamento, em que o interesse maior do banco (taxa de juros) pode ser barganhado com o interesse maior do tomador do empréstimo – algumas vezes, prazo de pagamento; outras vezes, agilidade na liberação do recurso.

Viés de análise

Muitas vezes, tendemos a raciocinar em termos viesados. Vejamos um exemplo comum disso:

> Pelo preço de um cafezinho – menos que R$ 2,00 por dia – você pode comprar a tranquilidade de um seguro para sua casa.
>
> A mesma pessoa que acha isso uma pechincha (principalmente se tiver de pagar em 12 parcelas mensais de R$ 59,00) talvez recuse uma proposta de R$ 700,00 por um ano, mesmo que tenha o dinheiro à mão.

Igualmente, somos muito sujeitos à forma como a informação é apresentada. A proposta que nos é apresentada de forma positiva tende a ser mais facilmente aceita do que a mesma proposta enunciada de forma diferente.

Ainda que seja insensato, aceitamos com mais facilidade a redução de um desconto do que um aumento nos preços, mesmo que os números absolutos, nos dois casos, levem o custo de R$ 97,00 para R$ 98,00.

Vejamos outro exemplo:

> Alguém que possui R$ 20 mil aplicados em um banco que paga 99% do CDI (que anda pelos 8% a.a.) pode sentir-se tentado a mudar de banco se receber uma proposta de remuneração de 102% do CDI. O raciocínio é: "Afinal, são 3% a mais!". Porém, essa mesma pessoa jamais mudaria de banco por R$ 3,20 mensais – que é o rendimento líquido adicional que receberá caso faça tal mudança. Em outras palavras, 3% são atraentes, R$ 3,20 mensais são uma ninharia – mas ambos têm exatamente o mesmo valor.

Impacto das armadilhas

É importante enfatizar que tais armadilhas não afetam somente a nós, mas também as pessoas com quem convivemos. Não sugerimos, em hipótese nenhuma, que se tente aproveitar os erros alheios para obter benefícios em negociações. Contudo, o fato é que, se não estivermos atentos, as pessoas com quem negociamos podem cometer erros que prejudiquem tanto a nós como a elas próprias.

Por exemplo, sua proposta pode ser recusada por parecer "boa demais" ou porque um concorrente ofereceu uma proposta pior, mas apresentou-a de uma forma mais positiva do que você, e assim por diante.

Cabe-nos, portanto, não só evitar as armadilhas em nosso comportamento como também trazer nosso interlocutor de volta à sensatez quando identificarmos que ele não está tendo um comportamento racional.

Autoavaliações

Questão 1:

As pessoas, em geral, apresentam comportamentos irracionais que distorcem a análise de alternativas, valorizando algumas e subestimando outras.

A complexidade do processo decisório em negociações pode ocorrer devido a:

a) subestimação de alternativas, apego emocional ou informações pouco confiáveis.
b) apego emocional, ignorância da dinâmica do mercado ou informações irrelevantes.
c) viés de análise, ignorância da condição estática do mercado ou a informações irrelevantes.
d) superestimação de alternativas, informações confiáveis ou mito do bolo de tamanho fixo.

Questão 2:

O desenvolvimento de alternativas deve ser feito antes da primeira rodada de negociações, para que tenhamos bem estruturadas as possíveis alternativas caso não consigamos um acordo.

O processo de desenvolvimento de alternativas consiste basicamente em quatro passos. O primeiro passo é:

a) avaliação das alternativas.
b) seleção da melhor alternativa.
c) identificação de uma possível rota de fuga.
d) levantamento e organização de alternativas.

Coleção Gestão empresarial

Questão 3:

O processo de desenvolvimento de alternativas, feito por um indivíduo ou um grupo de pessoas, tem, entre suas etapas, a identificação de uma possível rota de fuga ou um "plano B".

Essa etapa define o que deverá ser feito nos casos em que:

a) não se consiga chegar ao acordo.
b) seja necessário reposicionar·a escala de preferências.
c) seja a opção ideal descartar alternativas fora de propósito.
d) seja necessário detalhar a operacionalização das alternativas.

Questão 4:

Muitos negociadores acabam iniciando uma negociação sem passar pelo processo de desenvolvimento de alternativas.

Normalmente, a geração de alternativas é evitada ou negligenciada pelo negociador por:

a) falta de tempo.
b) falta de capital inicial.
c) impaciência do outro lado da mesa.
d) dificuldade na definição de alternativas.

Negociação

Questão 5:

Geralmente, em uma negociação, atribuímos a algum bem um valor desligado da realidade, imaginando que todos apreciam determinados detalhes da mesma forma que nós.

Essas situações, normalmente, induzem a decisões precipitadas. Tais precipitações podem decorrer de:

a) apego emocional.
b) informações irrelevantes.
c) superestimação de alternativas.
d) desconhecimento da dinâmica do mercado.

Questão 6:

Xavier se interessou pelo seguinte anúncio:

Pelo preço de um cafezinho – menos que R$ 2,00 por dia – você pode fazer um plano de capitalização e, no final de 5 anos, ainda recebe R$ 4 mil.

Xavier fez o plano de capitalização, achando que R$ 1,99 por dia seria uma pechincha. Porém, depois se deu conta de que pagaria R$ 59,70 mensais e que aquele valor equivalia a R$ 716,40 por ano. Isso o deixou desapontado, principalmente porque não poderia retirar nada antes do prazo final – ou seja, seu dinheiro ficaria indisponível por cinco anos.

Estamos diante de um caso de:

a) viés de análise.
b) apego emocional.
c) superestimação de alternativas.
d) desconhecimento da dinâmica de mercado.

Coleção Gestão empresarial

Questão 7:

O mito do bolo de tamanho fixo pressupõe, erroneamente, que todas as pessoas têm necessidades iguais e preferências idênticas.

Esse mito costuma levar a erros de avaliação que fazem com que:

a) propostas sejam recusadas por serem boas demais.
b) ofertas sejam recusadas ou aceitas com base no valor de mercado.
c) o valor de venda de uma mercadoria dependa primordialmente de seu custo.
d) propostas apresentadas de forma positiva tendam a ser mais facilmente aceitas.

Questão 8:

Na verdade, o principal em uma negociação é se valer dos erros alheios para benefício próprio.

Do ponto de vista prático, o pensamento acima é:

a) deficiente, já que antiético.
b) deficiente, já que erros alheios tendem a prejudicar a nós mesmos.
c) eficiente, já que o ponto de vista prático não abrange questões éticas.
d) deficiente, já que o principal em uma negociação é garantir vantagem pecuniária.

Negociação /

Questão 9:

Desenvolver alternativas é um processo que demanda esforço e tempo, por vezes, em altas doses.

Qualquer erro no desenvolvimento de alternativas:

a) pode ser corrigido ao longo da negociação.
b) pode ser considerado assimetria de informações.
c) deve ser evitado, por atrasar o processo de negociação.
d) deve ser interpretado pelo interlocutor como indício de agenda oculta.

Questão 10:

Muitas vezes, somos tão seduzidos pela forma que acabamos nos esquecendo de analisar o conteúdo.

Por conta disso, frequentemente, raciocinamos em termos viesados, o que significa que:

a) atribuímos a algum bem um valor desligado da realidade.
b) estipulamos o preço de venda de um bem com base em seu custo.
c) tomamos decisões com base na forma como a informação é apresentada.
d) desconsideramos a obsolescência de um bem no momento de sua venda.

Módulo IV – Método de Harvard

Módulo IV – Método de Harvard

Este módulo é dedicado a mais consagrada metodologia para encaminhar o processo de busca do acordo. O chamado *Método de Harvard* é um roteiro simples e fácil de ser entendido. Contudo, nem por isso deixa de ser consistente. Sua espinha dorsal fundamenta-se naquilo que se convencionou chamar *negociação baseada em princípios*, isto é, na busca da essência dos interesses e da forma mais justa e eficaz de superar conflitos.

Talvez, tenhamos a sensação de estarmos diante de uma receita de bolo, até certo ponto, simples e ingênua. Bem, talvez, seja mesmo uma receita. Mas, se essa analogia é válida, saibamos que o bolo é como aqueles que a vovó fazia: gostosos, quentinhos e cheirosos!

Um método de negociação

As negociações ocorrem em contextos muito variados e, adicionalmente, as pessoas tendem a modificar seu comportamento, mesmo diante de situações semelhantes. Cada negociação é um caso diferente. Entretanto, será que existe algum caminho para a solução de conflitos que possa ser utilizado de forma mais ou menos genérica?

Será que há alguma metodologia que possa ser aplicada, com razoável chance de sucesso, em situações que variam desde uma simples briga entre marido e mulher até negociações entre clientes e fornecedores, envolvendo milhões? Como proceder para que seja possível chegar a bons resultados – legítimos, aceitos pelas partes e que sejam exequíveis?

A busca por uma metodologia que nos pudesse auxiliar a lidar com nossas diferenças, permitindo-nos chegar a acordos, foi o que levou a Escola de Direito de Harvard a iniciar um programa de pesquisa que elabora e difunde métodos de negociação e de mediação.

Atualmente, o Project on Negotiation (PON) expandiu-se e, além de Harvard, envolve professores de várias outras escolas, destacando-se Massachusetts Institute of Technology (MIT), Simons e TUFTS University.

As atividades desse grupo são abrangentes e compreendem:

- construção de teoria;
- educação e formação;
- publicações;
- clínicas de conflitos.

Assim como o estudo de um modelo (como aquele apresentado anteriormente) tem a finalidade de auxiliar o negociador a estruturar e entender o contexto, um método tem como objetivo facilitar a estruturação do processo de negociação, desde a preparação (que, normalmente, se inicia antes do primeiro contato propriamente dito) até o fechamento do acordo, passando por todas as etapas intermediárias.

Método de Harvard

Na essência, o Método de Harvard, que se apresenta como negociação baseada em princípios, é um caminho alternativo à tradicional barganha posicional, em que cada negociador passa a fazer um jogo de cena que envolve intermináveis ofertas e contraofertas bilaterais.

A barganha posicional desenvolve-se com base em propostas que, geralmente, não têm muito fundamento a não ser a opinião de cada lado envolvido na disputa. Já o Método de Harvard, pelo contrário, propõe uma abordagem cuja tônica consiste em identificar a essência do problema e buscar soluções que satisfaçam – com vantagens – os interesses de todos os envolvidos na negociação.

Esse método compreende quatro grandes temas: pessoas, interesses, opções e critérios.

Como essa é uma metodologia desenvolvida no contexto cultural norte-americano, um bom tempero brasileiro pode ajudar a fazer com que essa receita torne-se mais adequada a nosso meio.

Um aspecto muito interessante do Método de Harvard é que – embora seus autores não o explicitem – ele é particularmente indicado para dois tipos de situações em que funciona muito bem:

- negociações no nível pessoal, incluindo relações familiares. A proposta de separar as pessoas do problema, a concentração nos interesses, a construção de opções aceitáveis por ambos os lados e a definição de critérios objetivos constituem formas bastante eficazes de fazer com que os envolvidos não caiam nas armadilhas da irracionalidade – tão comuns nos relacionamentos mais íntimos;
- negociações dentro da própria organização, em que os envolvidos são, teoricamente, pertencentes a um mesmo time, mas, no calor das emoções, acabam por perder a objetividade.

A convivência prolongada tende a desgastar relacionamentos, e isso ocorre, com frequência, entre colegas de trabalho. Por isso – a exemplo do que acontece com as relações no nível pessoal –, o Método de Harvard mostra-se bastante apropriado para as negociações dentro de uma organização qualquer, seja empresa, associação, ONG.

Coleção Gestão empresarial

Isso não quer dizer que o Método de Harvard não se aplique a outras situações. Pelo contrário, ele vem sendo usado, com sucesso, em uma ampla gama de casos, que vão desde pequenas disputas de negócios até conflitos internacionais. Contudo, por sua estrutura e por suas características, ele se mostra particularmente mais adequado em negociações que envolvam, em maior grau, relacionamentos pessoais.

Geralmente, as pessoas que estão envolvidas na negociação têm interesse nos aspectos tangíveis, isto é, naquilo que compreende o objeto da negociação – a vantagem pecuniária. Mas, na maioria das vezes, as pessoas têm também anseios pelo intangível: sensação de respeito, sensação de justiça, relacionamentos, etc. O Método de Harvard propõe que dois processos aconteçam ao mesmo tempo e no mesmo lugar enquanto negociamos:

- processo 1 – diz respeito aos aspectos tangíveis, à questão negociada: preço, prazo, quantidades. De um modo geral, estamos habituados a pensar nesse processo como negociação;
- processo 2 – diz respeito à forma como lidamos com as pessoas envolvidas na negociação e, portanto, com nossa capacidade de construir relacionamentos que facilitem a resolução de conflitos atuais ou futuros – ou que, no outro extremo, possam dificultá-los significativamente.

Logo, um método de negociação deve:

- produzir um acordo sensato – quando há a possibilidade de acordo;
- ser eficiente na utilização de recursos – e o desgaste emocional é um item frequentemente esquecido;
- melhorar – ou, pelo menos, não prejudicar – o relacionamento entre as partes envolvidas, o que pode facilitar futuras negociações entre essas mesmas partes.

Barganha de posições

A maioria de nós, quando inicia uma discussão, tende a apresentar uma posição e defendê-la, fazendo ou exigindo concessões como forma de resolver a disputa. Quanto mais nos apegamos a uma posição e a defendemos dos ataques, mais nos comprometemos e nos identificamos com ela.

A própria defesa de nossas ideias faz com que se torne difícil rever a posição, pois há problemas de ego ligados à necessidade de manter as aparências. Dessa forma, justamente por estarmos preocupados em defender nossas posições, não prestamos a devida atenção aos interesses das partes envolvidas, reduzindo as chances de chegarmos a um acordo produtivo.

Um subproduto indesejável dessa barganha de posições é que o relacionamento entre as partes torna-se tenso e pode ficar comprometido. Qual é a real diferença entre interesses e posições? Isso envolve algumas áreas de zona cinzenta, mas, mesmo assim, não chega a ser difícil identificar um e outro. Voltaremos a esse assunto mais tarde, mas, por ora, fica a informação: interesse é aquilo que efetivamente supre suas necessidades; posição é o que você diz que quer – que pode ser uma forma de atender às necessidades, mas certamente não é a única e talvez não seja a melhor.

Para evitar o desgaste, é comum adotarmos uma postura afável, baseada em concessões, visando preservar o relacionamento. Vejamos um exemplo:

Jorge é vendedor de uma empresa e está muito irritado porque os vendedores de outra linha de produtos ganham mais do que ele. Decide, então, reclamar com o chefe, exigindo a equiparação das comissões. Em uma conversa preliminar, o chefe lhe adiantou que seria difícil, pois ele já estava no topo do enquadramento de seu cargo. Contudo, Jorge não se conforma. Marca uma reunião e dirige-se à sala do chefe, pensando "Não aceitarei um centavo a menos que os vendedores das outras linhas de produtos.".

Por mais que isso possa parecer um interesse, trata-se inequivocamente de uma posição. Primeiro, porque a essência da argumentação em si já é falha – nada assegura que seja de fato justo que vendedores

---

continua

Coleção Gestão empresarial

de diferentes linhas de produtos recebam os mesmos vencimentos. Ademais, o que realmente Jorge quer é:

- reconhecimento – é possível que ele se sinta satisfeito se, em vez de ganhar um aumento (que realmente não se enquadra na estrutura de cargos e salários da empresa), o chefe propuser que a firma lhe pague uma pós-graduação ao longo dos próximos dois anos;
- melhores condições de trabalho – talvez, em vez de um aumento, ganhar um carro da empresa possa ser muito mais vantajoso, principalmente se ele morar em um local que lhe exija tomar quatro conduções por dia;
- oportunidades de carreira – talvez uma transferência para outra linha de produtos (na qual ganharia menos no início, mas com grandes chances de evolução) possa ser muito melhor que um aumento;
- previsibilidade dos ganhos – se, por exemplo, Jorge quer fazer um financiamento para adquirir sua casa, é possível que lhe seja preferível reduzir um pouco as comissões, aumentando o ganho fixo, assegurando-lhe mais tranquilidade para pagar as prestações;
- novos desafios profissionais – muito melhor que lhe dar um aumento, talvez seja oferecer-lhe uma oportunidade como supervisor de vendas, com um salário inicial igual ao atual, mas com grandes chances de evolução na carreira.

Enfim, há incontáveis formas de atender aos interesses de Jorge, mas apenas uma – aumentar seu salário, o que talvez de fato não seja possível – para atender a suas posições.

E, se ambos os lados entrarem em uma barganha de posições, é bem possível que Jorge não leve nada, o que o faria sentir-se muito mal; ou que ganhe um pequeno aumento, o que levaria ambos a se sentirem mal: Jorge, pelo pequeno resultado, e seu chefe, por ter quebrado a estrutura de cargos e salários, o que poderá trazer-lhe enormes problemas futuros.

Vejamos outra situação:

Carlos, um pequeno empresário autônomo, e Marisa, uma arquiteta, estão separados e têm um filho pequeno, que requer cuidados constantes, impedindo-a de trabalhar.

Marisa tenta discutir com Carlos, pedindo aumento da pensão, para compensar, já que está sem nenhuma renda. Carlos recusa imediatamente, dizendo que seus negócios não têm ido bem e que já paga, como pensão, quase metade de seu ganho bruto – o que, a seu ver, é muito mais do que seria o justo.

Diante disso, Marisa entra com um processo judicial. Cada um contrata um advogado e começam a brigar na justiça.

Carlos assume a posição de "Não pago mais um centavo sequer."; Marisa assume a posição de "Se ele não pagar, vou processá-lo até que ele pague ou vá para a cadeia.".

Quem conhece casais em litígio sabe bem como isso termina: todos perdem, e muito, inclusive o filho, mas os respectivos advogados ganham – e muito – com a briga interminável.

No final, depois de meses de litígio – e gastos com advogados –, Marisa consegue uma vitória na justiça. Carlos terá de pagar uma creche para a criança, levando a pensão para quase 60% de seu ganho bruto. Porém, provavelmente, Carlos não será capaz de honrar o compromisso – isso para não falar do dinheiro gasto com advogados, que dilapidou suas economias. Marisa, por sua vez, continuará em casa, sem exercer sua profissão.

continua

Mas quais são os interesses de ambos? No fundo, é – ou deveria ser – garantir o bem-estar do filho, o que passa pela realização pessoal e profissional da mãe. Ademais, seria muito melhor para todos se ela tivesse um bom rendimento.

Uma análise mais racional mostrará que há várias formas de se chegar a esse resultado – sem, necessariamente, passar por aumento da pensão. Seguem alguns exemplos:

- Carlos tem uma irmã que adora crianças e poderia, por um pagamento simbólico, cuidar do sobrinho, enquanto a mãe dele trabalha;
- Marisa poderia arranjar uma atividade que lhe permita trabalhar em casa, de forma a não se afastar muito do filho. Mas, para isso, precisaria montar um escritório em sua casa, o que Carlos pode financiar, pagando a prazo e descontando da pensão nos próximos meses;
- Carlos poderia usar seus contatos pessoais para conseguir que Marisa arranjasse um emprego de tempo parcial.

Enfim, as possibilidades são muitas, mas, se ambos se aferram cada um a sua própria posição, o acordo é quase impossível – e, se chegarem a ele, é quase certo que pelo menos um dos dois se sentirá perdedor, profundamente traído, explorado, etc.

O problema é que, geralmente, em vez de buscarmos entender quais são os reais interesses, a negociação se transforma em uma guerra de concessões: cada lado exige que o outro ceda e a "vitória" consiste em ceder menos.

Em situações familiares e entre amigos, a postura baseada em concessões pode ser a mais eficaz – entre pessoas queridas, ninguém deveria perder tempo com provocações. Por exemplo, um pai que ouve uma provocação de um filho adolescente, provavelmente, fará melhor se não revidar e debitar isso à conta da rebeldia típica da idade do filho.

Negociação /

Entretanto, quando se sai do ambiente familiar, a adoção generalizada dessa tática pode produzir acordos malfeitos, além de deixar o negociador vulnerável – se estiver lidando com pessoas que adotem um jogo mais duro.

Por outro lado, ao adotarmos uma postura ríspida em relação às concessões e ao que nos é pedido, normalmente, criamos entraves para a resolução dos conflitos, atuais e futuros. Pressões e ameaças podem até fazer com que consigamos algum resultado no curto prazo, mas dificilmente sustentam negociações futuras. E isso ainda alimenta mágoas, que podem gerar retaliações a médio e longo prazos!

Imaginemos uma situação em que um cliente de banco tenha seu cheque especial cortado por declínio de seu saldo médio.

Vejamos, primeiramente, uma postura afável por parte do gerente.

O cliente reclama do corte. O gerente lhe diz:

– Pois é, parece que seu saldo médio ficou abaixo da expectativa, não foi?

O cliente resmunga, compromete-se a melhorar o saldo médio no próximo semestre.

Em uma atitude conciliatória, o gerente diz que, com as novas regras do banco, tem tido muita dificuldade em conceder cheque especial a quem não tem um bom saldo médio, mas, como aquele cliente é alguém em quem ele confia, reativa o cheque especial, mas na metade do limite anterior.

Vejamos, agora, uma postura mais ríspida.

O cliente reclama do corte. O gerente lhe diz:

– Pois é, parece que seu saldo médio ficou abaixo da expectativa, não foi?

---

continua

139

> O cliente resmunga, compromete-se a melhorar o saldo médio no próximo semestre.
>
> O gerente mantém-se irredutível:
>
> – Eu sei que as coisas andam difíceis, inclusive para mim, mas quem determina tudo é o computador. Não posso reativar seu limite.
>
> O cliente insiste, ao que o gerente responde:
>
> – Não há nada que eu possa fazer, a não ser que você faça um seguro de vida.
>
> Resposta do cliente:
>
> – Mas eu já tenho dois, em dois outros bancos!
>
> E o gerente:
>
> – Que bom! Neste caso, talvez um deles possa conceder-lhe o cheque especial.

No primeiro caso, o gerente corre o risco de conceder crédito indevidamente e, no segundo, corre o risco de se indispor com o cliente. Em resumo, nenhuma dessas posturas – afável ou ríspida – é muito adequada como forma de solucionar o problema.

O Método de Harvard propõe uma mudança de jogo. Em vez de adotar uma postura afável ou ríspida, é mais interessante adotar uma estratégia de negociação baseada em "princípios ou méritos", que podem ser resumidos em quatro pontos principais. Cada ponto representa um elemento básico de qualquer negociação e sugere o que devemos fazer a respeito dele. São eles:

- pessoas – separar as pessoas do problema;
- interesses – concentrar-se nos interesses, e não nas posições;
- opções – criar uma variedade de opções antes de escolher;
- critérios – insistir que o resultado tenha por base um critério objetivo.

É também importante lembrar que toda negociação pode ser dividida em três partes:

- análise;
- planejamento;
- discussão.

Esse método permite que se chegue a um consenso gradual por meio de uma decisão conjunta, evitando as armadilhas da defesa de posição.

Pessoas

Pessoas *versus* problemas

Em geral, é muito difícil lidar com problemas sem que interpretemos mal, fiquemos irritados ou levemos a discussão para o campo pessoal.

Quando surge qualquer dificuldade, a busca por culpados – muito mais que a busca por soluções – reflete o pouco cuidado e a pouca atenção normalmente dispensados na resolução de conflitos. Vejamos um exemplo:

Você decidiu vender seu carro, mas todos que vêm vê-lo acabam desistindo do negócio.

Sem dúvida, ele está precisando de alguns pequenos consertos mecânicos e de funilaria/lanternagem.

Você deixa o carro na oficina mecânica e vai negociar o preço e a data de entrega com o mecânico.

---

continua

Coleção Gestão empresarial

> O que poderia trazer-lhe irritação nessa situação?
>
> Pense em tudo que o incomoda ao lidar com o mecânico.

Se você faz parte da grande maioria que não é *expert* em mecânica de automóveis, é provável que consiga se identificar com algumas das situações campeãs em despertar a ira de consumidores normais, provocadas pelo mecânico:

- ele inventa problemas;
- ele dá explicações pela metade, usando termos técnicos que você desconhece, dizendo que é mesmo difícil entender o problema, mas que o conserto vai ficar caro;
- ele diz que não sabe quanto vai custar o conserto, que vai ter de abrir o motor e que pode haver mais algum problema além do que você está apontando – o que você interpreta como uma óbvia preliminar para depois cobrar-lhe ainda mais caro.

Por outro lado, quando você vai buscar o carro, as coisas que, provavelmente, causam irritação são:

- o não cumprimento do prazo;
- os reparos feitos além do combinado, sem prévia autorização, pelo mecânico, que avisa a mudança do preço somente na hora da entrega e ainda justifica dizendo que "era realmente preciso fazer esse serviço a mais";
- as desculpas inventadas para justificar o motivo pelo qual o orçamento é três vezes maior que o apresentado inicialmente;
- o mecânico falar mal do serviço executado anteriormente por um terceiro, deixando o carro com o mesmo problema e ainda arrumando outro.

Em situações como a do mecânico, a lista de motivos que nos podem irritar é interminável. Por que essas coisas irritam tanto a nós, consumidores?

Algumas possibilidades e bases para a fundamentação do Método de Harvard começam aqui.

Trata-se do problema, já mencionado, dos *fatores intervenientes da negociação* – percepções, emoções e comunicação – que aparecem, em menor ou maior grau, em todas as negociações.

Para começar: considerando que pouco entendemos de mecânica, como sabemos se o mecânico está inventando problemas ou dando desculpas esfarrapadas? Deparamo-nos, nesse caso, com a primeira dimensão dos seres humanos em negociação, isto é, a *percepção da realidade*.

Como a situação representa risco – ou desconforto, já que não entendemos muito de mecânica –, passamos a dar maior peso à forma como as pessoas agem em relação a nossa própria ignorância. Dessa forma, toda vez que o mecânico utiliza uma linguagem que não entendemos, passamos a acreditar que se trata de uma tentativa de nos enganar, pois não podemos dizer em que ele está sendo incorreto.

É como o ditado da mulher de César: "Não basta ser honesta, tem de parecer honesta.". Um descuido com a comunicação por parte do mecânico pode criar muito desconforto e fazer com que nosso "radar da desconfiança" seja acionado. Este, por sua vez, tem o poder de distorcer a percepção da realidade, por vezes, chegando a ponto de inviabilizar o acordo. Afinal, se não confiamos em alguém, como discutir objetivamente com essa pessoa?

Memória emocional

Experiências ruins, em qualquer campo, são armazenadas e servem de referência para situações futuras, relacionadas ou não. É a chamada *memória emocional*. Isso faz com que criemos alguns estereótipos difíceis de serem destruídos.

Verdade ou não, é com essas referências na mente que tentamos ter uma conversa racional para resolver problemas ou estabelecer um acordo, e nem sempre esses preconceitos são claros ou conscientes. Todos nós temos uma memória emocional.

Frente ao reconhecimento da realidade, há uma tendência no sentido de nos armarmos com alguns escudos:

Coleção Gestão empresarial

- pedimos a referência de alguém – ao aceitar a indicação de um médico ou pintor feita por um amigo, existe um processo de apropriação da experiência passada positiva de outra pessoa para nos sentirmos seguros. Tentamos identificar algum comportamento ou alguma característica que pareça indicação de caráter, honestidade e seriedade. Tudo isso é mesclado em uma "geleia geral", que inclui o modo de se vestir, a maneira de olhar, o tom de voz, a organização do espaço de trabalho, a organização mental, visando delinear uma explicação lógica para quem está contratando tal serviço;
- tentamos conhecer mais sobre o assunto – contudo, como nem sempre essa é uma opção viável, geralmente, o cliente que procura a ajuda daquele profissional passa a ser refém da falta de conhecimento.

Emoção e comunicação

No dia a dia, surgem situações em que uma das partes – ou várias partes envolvidas em um trabalho ou projeto – desconhece o assunto que está sendo tratado. Tentando ser mais claros, enveredamos por explicações mais técnicas, que podem aumentar a desconfiança ou a sensação de desconforto.

A tensão se agrava a cada perda de conexão de conhecimento. O ambiente torna-se ainda mais tenso quando a argumentação passa por frases do tipo "Isso é muito complicado para você entender.". Nessas situações, entra em cena um aspecto genuinamente humano: as emoções.

São as emoções que vão digerir a realidade percebida e prover de combustível a comunicação. Podem surgir ainda frases como "Acredite em mim, não dá para explicar em cinco minutos, mas eu conheço bem esse problema.".

Vejamos um exemplo:

Alguém compra um CDB de 360 dias. Contudo, por um motivo qualquer, precisa resgatar o título antes do vencimento, 190 dias após a aplicação.

continua

Negociação

> Salvo raras exceções, as pessoas não sabem bem como se calculam juros compostos, assim como não são capazes de compreender claramente quais são as penalidades pelo resgate antecipado.
>
> Ou seja, essa pessoa não conseguirá entender por que vai receber menos que a metade dos juros combinados, apesar de ter deixado o dinheiro aplicado por mais da metade do prazo.

Pronto! Está armado um cenário para que fiquemos ressentidos, achando que estão querendo nos enganar, que o banco é explorador ou ainda que o gerente esteja agindo de má-fé. Essas ideias, por sinal, combinam perfeitamente com o estereótipo que grande parte de nós tem sobre os bancos.

E qual é a reação mais comum do bancário que fez esse atendimento? Embora jamais se verbalize isso, há a tendência de achar que o cliente é ignorante ou que está agindo de má-fé para "ver se ganha algum no choro". Interessante notarmos que, nesses casos, o valor envolvido costuma ser ínfimo, gerando, contudo, enorme desgaste e perda de tempo, que deterioram o relacionamento.

Pensamento do outro

Compreender o pensamento da outra parte não é meramente uma atividade útil para ajudar a resolver o problema. O pensamento do outro é o problema. Em última instância, alguns conflitos não estão na realidade objetiva, mas em nossa mente. Afinal, a realidade é tal como cada lado a vê, não fazendo sentido discutir quem está mais certo.

A título de exemplo, pensemos em duas situações corriqueiras:

> - A discórdia envolve uma visão diferente sobre como resolver o problema doméstico: repreender ou punir a criança?
> - Antagonismos pessoais inviabilizam a discussão mais objetiva: tendo em vista um casal em separação, como discutir a respeito da pensão ou da custódia dos filhos?

145

Sendo assim, podemos perguntar:

- De que maneira as conversas difíceis podem ser contornadas?
- Quanto está em jogo?
- Quantas emoções envolvidas nessas situações?
- Como cada um dos envolvidos se sente?

Certamente, de seu próprio ponto de vista, cada um deles se achará coberto de razão, ao passo que o outro será visto como totalmente errado.

Subjetividade, compreensão e julgamento

Talvez, a mais importante constatação seja a de que somos "humanos demais". Possuímos emoções, histórias de vida, pontos de vista distintos e temos valores enraizados que nos tornam imprevisíveis. Às vezes, é difícil reconhecer que nós mesmos apresentamos dificuldades de mudar de opinião, de aceitar que estamos errados.

Quando sentimos nossos egos ameaçados, tendemos a encarar o mundo a partir de nossa própria verdade pessoal. Por isso, frequentemente, atribuímos outros sentidos ao que é dito, imaginando coisas e, consequentemente, dando origem a mal-entendidos.

A partir de um determinado ponto, a discussão perde completamente a objetividade e se transforma em uma espécie de jogo. A finalidade desse jogo se afasta da solução do problema e passa a ser "quem marca mais pontos", atribuindo culpas ou confirmando impressões negativas.

Além disso, o modo como vemos o mundo depende do lugar em que nos encontramos. Cada um de nós tende a enxergar aquilo que quer, pois selecionamos do mundo as informações e os fatos que confirmam nossas percepções anteriores.

Dessa forma, cada um pode ver apenas os méritos de sua situação e as falhas da situação do outro lado. Compreender não significa necessariamente concordar. Contudo, sem compreender, não é possível discordar!

Para fazer isso, é preciso que suspendamos o julgamento, enquanto experimentamos a visão dos outros. Temos de entender, com empatia, o poder do ponto de vista dos outros e a força emocional com que acreditam nele.

Compreender como o outro lado vê a situação é o primeiro passo para sair do impasse. É verdade também que o processo de compreensão do pensamento do outro pode levar a uma revisão de nossas próprias opiniões sobre os méritos de uma situação.

Esse não é, entretanto, um ônus do processo, mas sim um benefício, uma vez que ele permite reduzir a zona de conflito e fazer com que nossos interesses – antigos ou revistos – sejam atingidos.

Intenções do outro

Melhor desconfiar do que confiar demais? Aqui outro ponto importante diz respeito à tendência de atribuir as piores intenções ao que o outro lado diz ou faz. Isso decorre, com frequência, de uma percepção viesada, com finalidade de autoproteção.

O risco que corremos e o preço que pagamos por adotar essa atitude é desprezar novas ideias e ignorar ou rejeitar mudanças sutis no comportamento da outra parte, as quais viabilizariam um acordo. Também é tentador culpar o outro pelos problemas enfrentados. Entretanto, ainda que a atribuição de culpa seja justificada, em geral, ela é contraproducente.

Passamos a nos defender e a resistir a qualquer proposição que seja feita enquanto a questão da culpa ainda não estiver resolvida. Atribuir culpa enreda-nos no problema. Devemos falar, objetivamente, sobre o que estamos sentindo, discutir nossas percepções e as do outro sobre o que está acontecendo.

Talvez o mais importante seja fazer com que a outra parte participe do processo de construção da solução do problema. Principalmente se a conclusão for desagradável, o envolvimento do outro no processo de chegar a essa conclusão é fundamental. Essa participação irá garantir a aceitação e o comprometimento com as decisões.

Subtraindo as questões substantivas, o sentimento de participação no processo talvez seja, isoladamente, o fator mais importante na determinação da aceitação de uma proposta. Observemos o exemplo a seguir:

Uma rede de concessionárias de veículos terceiriza o trabalho de buscar e de entregar os automóveis quando das revisões gratuitas. Esse serviço é oferecido a clientes preferenciais como forma de cativá-los.

Na correria para entregar todos os carros em uma tarde de sexta-feira, um erro qualquer, cometido pelo prestador de serviços, causa um grande transtorno junto a um importante cliente corporativo e faz com que o presidente daquela empresa fique sem seu carro no fim de semana.

Convoca-se uma reunião para resolver o problema. Tal reunião constitui uma troca de acusações, na qual nada de objetivo se decide.

É evidente que seria mais sensato buscar uma solução do que um culpado, mas os fatores intervenientes (percepções, emoções, comunicação) acabam por tomar a cena.

Por um lado, a concessionária acusa o prestador de serviços de ter agido com imprudência, o qual, por sua vez, alega que a burocracia interna da concessionária atrasa a liberação dos veículos. Alega ainda que, se assim não fosse, seria muito mais fácil fazer as entregas ao longo do dia, em vez de concentrar todas no final da tarde. Diz que o problema aconteceu principalmente porque a concessionária não respondeu uma mensagem deixada na secretária eletrônica às 17h23min, inviabilizando a entrega. A concessionária rebate que "Aquela não era mais hora de discutir nada, muito menos de deixar recado em secretária eletrônica.".

Evidentemente, a troca de acusações, além de não resolver o problema, aprofunda o desentendimento. Interessante que, de seu próprio ponto de vista, cada lado está coberto de razão.

Talvez a solução para esse caso seja apenas o prestador de serviços dar uma satisfação ao referido cliente corporativo, apresentar um pedido de desculpas, ou seja, encerrar o caso, sem maiores sequelas.

Negociação /

Contudo, para chegar a esse ponto, é preciso, antes de tudo, eliminar todo o processo de acusações mútuas e de tentativas de jogar a culpa no outro.

Equilíbrio entre razão e emoção

Insegurança, raiva, medo: esses sentimentos podem tomar conta de nossas ações e influenciá-las sem que percebamos o que está acontecendo. Às vezes, temos menos consciência ainda das emoções dos outros.

Os motivos por que temos dificuldades em equilibrar emoção e razão podem ser divididos em quatro categorias, segundo Fisher e Brown:[6]

- não reconhecemos nosso estado emocional ou o dos outros;
- mesmo reconhecendo nossas emoções, às vezes, elas crescem dentro de nós com tamanha rapidez ou força que controlam nosso comportamento;
- provavelmente, não sabemos lidar com o que estamos sentindo;
- não nos preparamos com antecedência para receber nossas próprias emoções e lidar com elas.

É comum não percebermos o sentimento do outro. Talvez as recomendações mais interessantes para auxiliar a preparação para uma negociação ou conversa difícil sejam as que aconselham o reconhecimento das emoções que fazem parte do contexto.

A discussão do que quer que seja sem legitimação das várias emoções despertadas equivale a preparar uma armadilha que será disparada no momento da conversa.

Nem a mais meticulosa das análises conseguirá resolver uma disputa se o relacionamento estiver carregado de emoções hostis. Dessa forma, devemos:

- desenvolver a capacidade de reconhecer as próprias emoções em contextos diferentes e com pressões (estresse) distintas – a técnica do observador participante (conseguir prestar atenção no que acontece

---

[6] FISHER, Roger; BROWN, Scott. *Como chegar a um acordo.* Rio de Janeiro: Imago, 1990. p. 64-79.

durante o processo por meio do distanciamento mental) auxilia a própria compreensão e a monitoração dos chamados sinais fracos (indícios físicos ou vocais) dos outros envolvidos;

- fazer um mapeamento racional do que está em jogo, tanto de nosso lado como daquilo que imaginamos serem as questões importantes para o outro lado;
- prepararmo-nos para uma reação emocional antes que ela surja – podemos elencar os tipos de coisas que nos irritam, como nos comportamos quando nos sentimos frustrados ou acuados, quanto tempo precisamos para nos recuperarmos de uma explosão emocional;
- admitir as emoções, durante a negociação, ao menos para nós mesmos – tentemos ganhar tempo para readquirir controle sobre o que estamos sentindo (fazer um intervalo, "contar até um milhão", falar sobre as emoções, tentar rir de nós mesmos). Humor utilizado contra os outros é ironia e representa uma forma de ataque. Contudo, utilizado contra nós mesmos, ajuda a descontrair o ambiente;
- se houver uma crise na negociação, deixar que o outro lado desabafe – a descarga psicológica promovida pelo ato de relatar as queixas ou explodir facilita o retorno à racionalidade.

Explosões emocionais

Em hipótese nenhuma, reaja a uma explosão emocional:

- primeiro motivo – é quase certo que você se envolverá emocionalmente e será agressivo muito além de sua intenção inicial;
- segundo motivo – qualquer reação de sua parte tenderá a ser vista como uma provocação pelo outro.

Mesmo que, de seu ponto de vista, "foi ele quem começou", do ponto de vista do outro, ele apenas disse o que estava pensando – coberto de razão, segundo ele acredita – e você começou a agredi-lo "apenas porque ele disse a verdade".

Por fim, o revide a explosões emocionais dá origem ao que chamamos de *escalada*, ou seja, cada um dos envolvidos tende a bater cada vez mais forte para não perder a disputa. O resultado, obviamente, é que ambos saem machucados e, às vezes, o relacionamento sai ferido de morte.

Diante de uma explosão emocional, o melhor conselho possível é ouvir até o fim, sem interromper nem tirar a razão do outro. Note que *não tirar a razão* não é sinônimo de *dar a razão*. Não tirar a razão significa apenas não contra-argumentar enquanto o outro faz acusações; dar a razão significa dizer que o outro está certo.

Vamos retomar o exemplo do prestador de serviços que cometeu um erro, causando o problema com o cliente corporativo:

Logo no início da reunião, o prestador de serviços diz ao gerente da concessionária algo como:

— Você sabe apontar o dedo, mas seu pessoal também vive cometendo erros.

Verdade ou não, isso não está na pauta. Se o gerente cair na armadilha de revidar, é praticamente certo que não se chegará a acordo nenhum.

Por outro lado, as chances de progresso aumentam muito se o gerente apenas ouvir o desabafo do prestador de serviços e disser algo como:

— Olhe, eu sei que a situação anda difícil para você, como também tem sido difícil para nós, mas temos de encontrar um jeito de resolver o problema com o cliente corporativo. Além disso, somos parceiros nisso: qualquer erro nosso atrapalha vocês e vice-versa. Vamos ver o que podemos, realisticamente, fazer para melhorar esse processo e evitar novos erros. Se você tiver alguma sugestão de melhoria, estou totalmente aberto.

Ao ouvirmos a argumentação do outro, ainda que não falemos você está certo (mesmo porque pode não estar!), abrimos uma porta rumo ao entendimento.

Falhas na comunicação

A negociação é um processo de comunicação bilateral, com o objetivo de chegarmos a uma decisão conjunta. Há três grandes problemas na comunicação:

A) Não falamos para sermos entendidos:

É comum que os lados desistam um do outro e não se esforcem para entender e para ser entendidos. Ou ainda pior, diante do efeito plateia, quando uma das partes age para agradar terceiros, é praticamente impossível conseguir uma comunicação eficaz.

B) Mesmo quando falamos claramente, às vezes, o outro lado não quer ouvir:

Em negociações, é comum nos empenharmos em imaginar o que será dito a seguir, ou pensarmos em como estruturar o próximo argumento, a ponto de nos esquecermos de realmente escutar com mais atenção o que está sendo trazido pela outra parte. Outras vezes, ouve-se a argumentação do outro lado com um único propósito: encontrar falhas para poder contra-argumentar.

C) Criamos mal-entendidos:

Achamos que entendemos o que o outro quer dizer ou atribuímos significados diferentes à fala do outro. Quando as pessoas que estão negociando possuem culturas diversas, mal-entendidos são potencializados pela utilização de línguas diferentes e atribuições distintas de significados.

Para utilizarmos apenas um exemplo, lembramos o termo *compromisso*, que existe em vários idiomas, mas possui diferentes significados, dependendo da cultura em que é utilizado.

Uma das piores fontes de mal-entendidos em negociações está em um episódio corriqueiro: quando duas pessoas estão discutindo amigavelmente um assunto, uma delas dá uma explicação qualquer e pergunta ao outro "Você está entendendo?".

Nesse momento, quando a resposta é sim, registra-se na mente da pessoa que fez a pergunta a impressão de que o outro lado concordou com ela – e não apenas que entendeu o que estava sendo explicado.

Quando, mais à frente, o assunto voltar à tona, o primeiro vai ficar muito irritado ao ver que o segundo "não quer honrar o suposto compromisso assumido", ao passo que o segundo vai reagir dizendo que "jamais assumiu compromisso nenhum" e que "não aceita esse tipo de trapaça".

Diante do clima emocional que se instaura, é improvável – para não dizer impossível – que algum deles se lembre da conversa anterior que causou o mal-entendido.

Não precisamos ser grosseiros, mas, quando alguém nos perguntar "Você entendeu?", devemos responder, clara e objetivamente, algo como "Sim, entendi seu raciocínio, mas gostaria de deixar minha decisão definitiva para depois.".

Sugestões

Alguns procedimentos que, às vezes, chegam mesmo a ser enquadrados como óbvios, podem ser de grande valia no sentido de eliminar falhas no processo de comunicação:

A) Escutar ativamente e registrar o que está sendo dito:

Isso permitirá que, antes de apresentarmos nossas ideias e nossa visão sobre o que foi dito, possamos mostrar que entendemos o que o outro disse ou quis dizer.

Ao iniciar nosso aparte com "Se eu entendi direito, a situação, de seu ponto de vista, apresenta...", mostramos que, além de ouvir, estamos interessados em compreender exatamente os interesses, valores e necessidades de nosso interlocutor. Só esse esforço já tende a criar um clima mais positivo e cooperativo na busca pela solução do problema.

Ademais, sempre é bom lembrar que, diante da mais ínfima diferença entre o que foi dito e o que foi interpretado, a maioria das pessoas não resiste à oportunidade de corrigir e dizer "Não era bem isso... na verdade, eu falei que...". Dessa forma, sem desgaste emocional, os dois lados passam a ter uma visão mais sintonizada sobre os diversos aspectos em pauta.

B) Formular positivamente as assertivas do outro, mostrando a força da argumentação:

Conforme já foi dito, compreender não significa necessariamente concordar, mas não é possível discordar sem antes termos entendido o que está sendo dito pelo outro lado. Só assim será possível apresentar nossa visão – ou contraproposta –, esclarecendo os problemas que vemos na proposta do outro, sem sermos interrompidos pelo tão conhecido "Você não entendeu o que eu disse!".

C) Falar para ser entendido:

Não se trata de um debate para provar quem possui a melhor lógica, ou quem está mais certo. Apesar de, às vezes, ser verdade que estejamos certos, nem sempre isso vai ajudar a resolver o problema ou fazer com que a outra parte mude de opinião.

D) Falar sobre nós mesmos e não sobre o outro:

É impossível fazer afirmações sobre as intenções ou os sentimentos da outra parte. Não obstante, são frequentes as acusações como "Você não está sendo claro." ou "Você está sendo agressivo.". Podemos dizer a mesma coisa, mas com frases como "Não estou conseguindo entender." ou "Estou me sentindo magoado com sua observação.".

Uma afirmação sobre como nos sentimos é difícil de questionar, mas acusar o outro dá o direito de resposta, o que faz com que a conversa se desvie do objetivo, às vezes, irrecuperavelmente.

E) Sempre consultar antes de decidir:

Devemos sempre pedir a opinião do outro para tomar a decisão, em vez de simplesmente comunicar o que foi decidido. Quanto mais afetada for a outra parte por nossa decisão, mais importante esse procedimento se torna.

Negociação /

F) Planejar o processo para evitar mensagens desconexas:

No limite, temos de conseguir legitimar o resultado de qualquer negociação. Do contrário, não será possível sustentá-la por muito tempo.

Se a outra parte não puder fugir, ela poderá retaliar em situações futuras, principalmente se for necessária sua cooperação para implantar a decisão negociada.

G) Evitar a expressão "você é":

Isso pode ferir, profundamente, a pessoa que ouve, pois não se está questionando suas atitudes, mas sim seu caráter.

A frase "Você é mesquinho." machuca muito mais do que dizer a mesma coisa com uma fala igualmente dura, mas não ofensiva ao caráter, tal como "Essa atitude foi mesquinha.". Aliás, melhor ainda seria "Essa atitude foi mesquinha e não combina com você.".

Pressupostos não discutidos

Cada pessoa tem seus pressupostos e tira suas conclusões de forma muito particular. Embora isso não faça parte, diretamente, do assunto *comunicação*, vale a pena dizer algumas palavras especificamente sobre o problema dos pressupostos não discutidos.

Cada um de nós, quando negocia, tem em mente uma série de ideias preconcebidas sobre como as coisas devem ou não devem ser. Para cada um de nós, certas coisas são tão óbvias que se torna perda de tempo sequer mencioná-las.

Acontece, porém, que esses modelos mentais estão longe de ser homogêneos e universais. Tais pressupostos passam a ser vistos por cada um dos envolvidos como um compromisso implícito da outra parte.

Se nosso interlocutor age de forma diferente do que, de fato, foi combinado – mas de acordo com o que imaginava estar combinado –, logo vem a sensação de estarmos sendo traídos, e inicia-se o processo de desagregação emocional, que, geralmente, deságua em agressão e em acusações mútuas.

Coleção Gestão empresarial

Quando contratamos um serviço qualquer junto a terceiros, sempre há alguns detalhes que ficam omissos, sendo impossível prever todas as minúcias de situações que ainda não ocorreram.

A título de ilustração, consideremos a seguinte situação:

Mediante o pagamento de um valor fixo mensal, uma empresa foi contratada para fazer a manutenção de alguns computadores.

Segundo o combinado, o prestador de serviços deveria responsabilizar-se por todos os reparos decorrentes do uso normal de tais equipamentos.

Um deles apresenta defeito em função de seguidas quedas de tensão. De quem é a responsabilidade?

Para quem contratou o serviço, o uso normal deve ser entendido como qualquer coisa diferente de depredação. Contudo, para o prestador de serviços, o uso normal significa que existe uma rede estabilizada com equipamentos *no-break*.

Em um caso desses é comum que, os dois lados passem a agir diante de seus próprios pressupostos. Se isso acontece, o confronto é quase inevitável, pois cada um perde a confiança no outro, achando que houve uma quebra unilateral do compromisso. Daí, para as acusações mútuas, é um pequeno passo.

Interesses

Interesses e posições

A maior parte das negociações envolve o conflito entre posições diferentes bem como a discussão acerca de como superar esse impasse, mas sempre em torno das posições e do que cada parte deveria perder ou ceder para que fosse possível resolver o problema.

Tendemos a presumir que, se a outra parte possui posições diferentes das nossas, seus interesses conflitam com os nossos.

O primeiro passo para sair dessa armadilha é identificar os interesses que estão em jogo.

Uma armadilha comum em negociação é dizer "Meus interesses são..." e, em seguida, desfilar uma série de posições.

Segundo Fisher, Ury e Patton,[7] "sua posição é algo que você decidiu. Seus interesses são aquilo que fez com que você se decidisse dessa forma". Por exemplo:

Imagine que, como gerente de uma empresa voltada ao grande público, você tenha o interesse de melhorar o atendimento aos clientes. Considere que, para isso, você tenha definido, em detalhes, uma determinada rotina de trabalho a ser observada pelos atendentes.

Imagine agora que alguém tenha descumprido tal rotina.

Você se aborrece, sem perceber que o procedimento diferenciado talvez tenha sido uma iniciativa de um funcionário bem-intencionado. Talvez, devido a essa iniciativa, o resultado venha até sendo melhor do que seria com sua proposta. Mas o fato é que não reagimos bem a tal situação, e nossa tendência, nessas horas, é insistir que nossa determinação seja cumprida. Em outras palavras, nosso interesse (melhorar o atendimento) ficou para trás, beneficiando nossa posição (tem de ser "do meu jeito").

---

[7] FISHER, R.; URY, W.; PATTON, B. Concentre-se nos interesses, não nas posições. In: _____. *Como chegar ao sim.* Rio de Janeiro: Imago, 2005. cap. 3. p. 59.

Conciliação de posições

Isso pode parecer caricato e irracional, mas é assim que grande parte das pessoas age em seu dia a dia.

Conciliar posições é bem mais difícil do que conciliar interesses por dois motivos:

A) Para cada interesse, geralmente, há várias posições possíveis:

Quando se vai a fundo ao motivo que levou determinada pessoa a assumir uma posição, percebemos, claramente, que seu interesse pode ser atendido por vários outros caminhos.

B) Por trás de posições antagônicas, pode haver interesses comuns:

Conquanto esteja descumprindo uma determinação, a pessoa que o faz tem exatamente o mesmo interesse que a pessoa que estabeleceu a rotina de trabalho.

Retomemos o exemplo citado há pouco sobre a manutenção de computadores:

> A posição da empresa é que o prestador de serviços conserte o computador, pois "é obrigação dele".
>
> A posição do prestador de serviços é o não conserto, pois a falta de rede estabilizada causou o dano e "isso é responsabilidade da empresa contratante".
>
> Evidentemente, essas posições parecem irreconciliáveis.

Contudo, qual o interesse de cada um envolvido?

- do lado da empresa – a contratação do serviço tinha como finalidade manter os equipamentos em bom estado e com o mínimo de defeitos, tendo como objetivo último a maximização das vendas;

Negociação /

- do lado do prestador de serviços – o interesse é minimizar os defeitos, pois isso lhe acarreta custos.

O interesse de ambos é minimizar os defeitos, abrindo-se uma ampla gama de soluções que atendam, simultaneamente, aos dois lados.

Explicitação de interesses

A finalidade de negociar consiste em atender a seus interesses. Portanto, sua tarefa é fazer com que o outro lado compreenda, exatamente, quão importantes e quão legítimos são seus interesses. Para tal, a recomendação é simples e compreende os seguintes pontos:

A) Ser específico:

Detalhes dão credibilidade e aumentam o impacto sobre a outra parte. O objetivo é conseguir fazer com que o outro lado legitime esses interesses. Contudo, isso não significa que precisemos desqualificar os interesses do outro lado, como se não fossem igualmente legítimos.

B) Reconhecer os interesses do outro como parte do problema:

Tendemos a ouvir melhor quando nos sentimos compreendidos. Caso contrário, tornamo-nos surdos irrecuperáveis, tentando apenas fazer com que nosso interlocutor aceite o que queremos provar que está certo.

C) Ser rigoroso com o problema, mas afável com as pessoas:

Devemos defender firmemente nossos interesses, não nossas posições. Isso significa que devemos atacar o problema sem culpar as pessoas: escutando o que elas trazem, mostrando respeito pelas opiniões e pelos esforços despendidos, e enfatizando nosso interesse em atender também às necessidades dos demais envolvidos.

Coleção Gestão empresarial

D) "Olhar para frente, não para trás":

Em vez de buscarmos culpados, devemos buscar soluções. Discutir e falar sobre aonde ambos gostaríamos de chegar, e não discorrer sobre de onde partimos.

Imagine que você atua em um banco que fez um empréstimo a uma empresa do ramo de fabricação de pães e bolos.

Essa empresa queria ampliar sua capacidade produtiva. O contrato de empréstimo previa a alienação fiduciária dos equipamentos a serem adquiridos.

Contudo, contrariando as expectativas, o mercado se retraiu e tal empresa viu-se em uma situação cada vez mais crítica, não podendo honrar o compromisso assumido com o banco.

Em resposta a uma carta de cobrança, um dos donos da empresa vai ao banco para uma conversa e inicia a discussão: "Não temos como pagar, mas não vamos entregar as novas máquinas.".

O gerente do banco, por sua vez, pega o contrato e mostra a cláusula de alienação, dizendo que o cliente tem mais dois dias para quitar o débito e evitar o arresto dos bens.

Vamos analisar mais de perto essa situação: quais os interesses envolvidos e quais posições estão "à mesa"?

Comecemos pelas posições:

- cliente – não tem como pagar e não vai entregar as novas máquinas;
- banco – o contrato garante o arresto das máquinas, e assim se fará.

Vamos agora aos interesses:

- cliente – assegurar a sobrevivência e a lucratividade da empresa;
- banco – assegurar a rentabilidade de suas operações.

No fundo, o cliente quer pagar, assim como o banco quer que ele pague. O cliente quer continuar atuando no mercado, assim como o banco quer que ele continue sendo cliente. O cliente não quer entregar as máquinas, pois, sem elas, comprometerá sua capacidade de "sair do buraco". O banco também não quer ficar com as máquinas, uma vez que isso exigirá pesados gastos para se desfazer delas, com prejuízo na certa.

Ou seja, ainda que as posições sejam antagônicas, os interesses têm um razoável alinhamento.

Nesse sentido, o gerente do banco não deveria entrar pela linha de "O contrato garante.", muito menos usar uma abordagem do tipo "Todo negócio tem seus riscos.", pois isso será visto como uma acusação implícita de incompetência.

Uma das soluções possíveis é encaminhar a conversa com algo como "Precisamos encontrar uma forma de viabilizar um rendimento que lhes assegure não só a sobrevivência como também a solução do impasse financeiro.". Dessa forma, ao mesmo tempo em que reconhece que o interesse do outro é parte do problema, deixa claro que o banco tem um interesse legítimo em reaver aquilo que lhe é devido.

Reenquadramento da situação

Muitas vezes, em uma negociação, continuamos a resistir não porque a proposta seja inaceitável, mas por querermos evitar o sentimento e a aparência de estarmo-nos curvando ao outro lado ou à mudança de opinião. Isso significa que devemos tentar tornar a proposta compatível com os valores do outro, de modo que seja possível salvar as aparências, isto é, conciliar os princípios e a autoimagem dos negociadores.

Uma das mais poderosas armas para mudar o jogo é fazer um reenquadramento da situação, ou seja, em vez de rejeitar as posições que são trazidas pela outra parte, devemos formular uma série de perguntas que possam ajudar a compreensão mútua do que está em jogo.

As questões a serem levantadas na tentativa do reenquadramento da situação devem ser abertas e possibilitar a ampliação da visão de ambas as partes. São elas:

A) "Por quê?":

Devemos convidar a outra parte a apresentar suas razões de forma a auxiliar na identificação dos interesses envolvidos do outro lado. É preciso mostrar interesse genuíno e respeito pelo que está sendo trazido por nosso interlocutor. É como "descascar uma cebola", com várias camadas de descobertas a serem feitas, uma após a outra.

B) "Por que não?":

Ao propor saídas e perguntar "Por que não?", tendemos a criticar mais facilmente do que a apresentar, de pronto, nossos temores e nossas ideias. Se ainda assim não funcionar, devemos checar a veracidade de nosso entendimento, isto é, apresentar o que entendemos como interesses do outro lado e pedir confirmação. Como já foi mencionado, poucas pessoas resistem à tentação de corrigir os erros da outra parte.

C) "E se...":

Discutir opções. Apresentar ideias iniciando com a frase que elimina a pressão posicional "E se fosse desta maneira?" é um convite a uma reflexão que pode apresentar saídas sem nos comprometermos com uma decisão naquele momento. Reformulemos as opções apresentadas pela outra parte, considerando-as como propostas viáveis – inventemos primeiro para depois julgar.

D) "Qual é sua sugestão?":

Outra maneira de incorporar a outra parte na resolução ativa do problema é pedirmos sugestões do tipo "O que você faria em meu lugar?". Além de lisonjeador, pedir conselhos auxilia o outro a pensar em suas limitações e a reformular a situação com outras variáveis – as suas. É uma maneira de mudar o jogo.

E) "Por que isso é justo?":

Em vez de destruir de pronto o que o outro traz, devemos perguntar as razões que o levam a crer que aquilo é uma sugestão justa, buscar os critérios que estão sendo usados como referências – ou padrões – para justificar os pedidos feitos pela outra parte.

Às vezes, para iniciar uma discussão sobre resultados justos, é preciso que apresentemos um critério ou um padrão para a resolução do problema. Se o outro lado rejeitar nossa proposta, devemos convidá-lo a apresentar uma alternativa mais adequada. A discussão acaba de ser redirecionada de posições para resultados justos.

Utilizando, uma vez mais, o exemplo da manutenção de computadores:

Se o gerente da empresa dissesse o seguinte para o prestador de serviços:

– Eu gostaria que você me explicasse algumas coisas, para que possamos chegar a uma solução que atenda a nós dois. Primeiro, quero entender melhor por que a responsabilidade seria nossa, se, até o momento, sua empresa nunca questionou a ausência de rede estabilizada. Em segundo lugar, gostaria de saber como tem sido o encaminhamento em casos similares, visto que você atende a outras empresas.

Terceiro, considerando que tanto você como eu estamos interessados em reduzir, ao mínimo, a ocorrência de defeitos, que sugestões você me daria para que se evitasse a repetição desse problema – lembrando que eu não tenho, no momento, nenhuma verba para instalar uma rede estabilizada?

Como a reunião poderia seguir frente a essas colocações?

Ao mesmo tempo em que apresenta uma posição firme – dizendo que o prestador de serviços não questionou nada anteriormente –, o cliente sinaliza, claramente, a abertura para que se chegue a um ponto justo – com base em precedentes. Além disso, o gerente faz com que o prestador de serviços sinta as restrições ao explicitar a inexistência de recursos para instalar a rede estabilizada.

Por um lado, o gerente da empresa deixa claro que não aceita a imposição unilateral da responsabilidade. Por outro, conclama o prestador de serviços a um comportamento racional e contributivo. Essa é uma ação razoável!

Opções

Ganhos mútuos

Por mais interessante que seja possuir várias opções para solucionar um problema, a maioria de nós não considera fundamental tê-las. Em geral, acreditamos que só uma opção basta. Em uma disputa, tendemos a acreditar que sabemos a resposta certa: a nossa!

Em uma linha reta – entre uma oferta e a do outro lado –, parece que o único raciocínio criativo é a decisão "salomônica", ou seja, "nem eu nem você, dividamos a diferença".

Evidentemente, nenhum desses raciocínios intuitivos resiste a uma análise mais profunda sobre como conciliar interesses de forma satisfatória. Na maior parte das negociações, existem quatro obstáculos que devem ser removidos para que seja possível a criação de uma multiplicidade de opções:

- julgamento prematuro;
- busca de resposta única;
- pressuposição de bolo fixo;
- pensar que resolver o problema deles não é problema seu.

Vejamos cada um desses obstáculos a seguir.

Julgamento prematuro

Não é natural sair inventando alternativas para resolver um problema. Na verdade, sob a pressão de uma negociação e com muitas coisas em jogo, o senso crítico tende a se aguçar, e estreita-se a visão.

Isso é extremamente prejudicial às novas ideias, pois elas, dificilmente, resistem a uma investida do senso crítico quando ainda estão em fase de construção. Uma negociação prática parece requerer um raciocínio prático.

Dessa maneira, quaisquer ideias extras ou mesmo pouco convencionais são vistas como uma forma de confundir e de atrasar o resultado da negociação, e não como uma alternativa que deva ser analisada com o devido cuidado.

Talvez tenhamos o receio de ter de expor informações que não gostaríamos de revelar ao apresentar novas ideias e, por isso, fixamo-nos nas soluções que já funcionaram antes. Criticamos, rapidamente, quaisquer alternativas diferentes. A saída consiste em separar o ato de inventar opções do ato de julgá-las.

Resposta única

Segundo Fisher, Ury e Patton,[8] a maioria de nós enxerga a negociação como "um processo de estreitar o hiato entre as posições ao invés de ampliar as opções disponíveis".

Portanto, seguindo essa lógica obtusa, resolver a disputa equivale a encontrar uma posição no meio do caminho entre as posições conflitantes.

Tendemos a encarar o resultado final de uma negociação como uma decisão única e, portanto, sob essa ótica, uma discussão de fluxo não controlado serviria apenas para retardar e confundir o processo.

Se o primeiro obstáculo ao pensamento criativo é a crítica prematura, o segundo é o fechamento prematuro. Parar de buscar outra resposta assim que aparece uma alternativa que sirva – qualquer que seja ela – provoca um empobrecimento no processo decisório.

Seria mais sábio se existissem mais alternativas disponíveis para análise. A saída está em ampliar as opções "sobre a mesa", não parando na primeira solução que, aparentemente, resolva a situação.

---

[8] FISHER, R.; URY, W.; PATTON, B. Invente opções de ganhos mútuos. In: _____. *Como chegar ao sim*. Rio de Janeiro: Imago, 2005. cap. 4. p. 77.

Pressuposição de bolo fixo

Existem poucas opções na mesa, principalmente, em razão da visão de que a situação é essencialmente excludente, ou seja, "Eu só posso melhorar minha posição ou obter o que quero, se você piorar a sua ou não conseguir o que você quer.".

Nesse enquadramento, entramos em uma "pressuposição de bolo fixo", isto é, não há possibilidades de ambas as partes saírem com seus interesses atendidos. Note bem: interesses, e não posições atendidas.

Embora, à primeira vista, isso possa soar romântico e utópico, é perfeitamente viável encontrar soluções em que ambos os lados saiam ganhando. Essa possibilidade ocorre porque temos diferentes graus de preferências quanto a riscos, quanto à importância relativa de cada coisa em jogo, quanto ao tempo. A saída consiste em buscar benefícios mútuos, não apenas perdas mútuas.

> Quando contratamos um serviço, há, pelo menos, duas coisas a combinar – o preço e a forma de pagamento. Se os envolvidos discutirem, inicialmente, o preço e depois a forma de pagamento, provavelmente, estarão deixando para trás uma boa oportunidade de melhorar o acordo para ambas partes.
>
> A discussão conjunta desses dois interesses pode gerar uma opção melhor tanto para o contratante quanto para o prestador de serviços. Para o prestador de serviços, pode ser importante receber um adiantamento para comprar as matérias-primas a serem usadas no serviço.
>
> Nesse sentido, a pessoa talvez esteja disposta a conceder um desconto de 3% se o contratante antecipar metade do valor a ser pago – pois precisa desse adiantamento.
>
> Para o contratante, por outro lado, uma redução de 3% pode ser muito mais atraente do que deixar o dinheiro aplicado por 15 dias, pois o rendimento será de 1/10 do desconto proposto.

continua

> A discussão conjunta, do tipo "Dou um desconto de 3% se receber um adiantamento de 50%.", viabiliza a troca. Entretanto, se discutirem cada item individualmente, é provável que, em cada um deles, acabem entrando em uma dupla disputa de posições, terminando em um desconto de 1,5% e em um adiantamento de 25% – o que, dada a situação, é pior para ambos.

Problema dele *versus* problema meu

Para que um negociador chegue a um acordo que atenda a seus próprios interesses, precisa elaborar uma solução que atraia também os interesses do outro. Muitas vezes, há uma relutância psicológica em atribuir qualquer legitimidade às opiniões trazidas pela outra parte.

Parece até traição pensar em maneiras de satisfazer ao outro lado. Contudo, enquanto o outro lado não resolver seu problema, também não resolveremos o nosso. Nesse caso, a saída repousa na construção de meios que facilitem a decisão do outro.

Como o julgamento inibe a imaginação, é importante fazer com que os períodos de criação sejam diferentes dos de análise e julgamento. Sessões de *brainstorming* (sugestões livres, frente a frente) ou *brainwriting* (por escrito, em vez de face a face) destinam-se a produzir o maior número possível de ideias para resolver o problema.

Em um processo de geração de ideias, não precisamos temer parecer tolos ou extravagantes. A multiplicidade de ideias é encorajada para que se produza uma corrente de propostas que permitam ir além do usual na resolução de problemas.

Ainda que não haja uma maneira única de se conduzir uma sessão de sugestões livres, algumas sugestões podem ser úteis:

A) Antes da sessão:

- definir os objetivos;
- escolher os participantes;
- mudar o ambiente – sair do local usual de trabalho;

Coleção Gestão empresarial

- planejar uma atmosfera informal para deixar todos mais à vontade;
- escolher um facilitador para manter o curso do encontro.

B) Durante a sessão:

- posicionar todos lado a lado, de frente para o problema – escrito em um *flip chart* ou na parede –, e não de frente uns para os outros, pois as pessoas, quando estão frente a frente, são mais propensas a reagir e defender as ideias como se quaisquer críticas fossem ataques pessoais;
- esclarecer as regras, inclusive a de ausência de crítica na sessão;
- fazer as sugestões;
- registrar todas as sugestões apresentadas por todos os participantes, inclusive aquelas que, à primeira vista, parecem inexequíveis.

C) Depois da sessão:

- assinalar as ideias que o grupo considera melhores;
- inventar aperfeiçoamento para as ideias promissoras;
- definir um prazo para avaliar as ideias e para decidir.

Outros procedimentos de ganhos mútuos

Alguns procedimentos também podem ajudar no estabelecimento de opções de ganhos mútuos. São eles:

A) Ampliação das opções:

Devemos tentar visualizar diferentes alternativas a partir da sessão de sugestões livres, como se fossem propostas por diferentes especialistas.

É recomendável quebrar as alternativas em partes menores, construindo pacotes a serem negociados em partes. Ao invés do envio de uma sugestão única, inventar acordos com pesos diferentes. Se não for possível fechar um acordo permanente, talvez um acordo provisório seja melhor.

Negociação /

B) Procura de ganhos mútuos:

Os ganhos conjuntos podem ser não monetários. O desenvolvimento de um relacionamento mutuamente vantajoso ou a possibilidade de atender a interesses de ambas as partes também podem ser ganhos importantes. Para isso, é fundamental o trabalho de preparação e de identificação dos interesses de ambas as partes que estão em jogo.

Identificando interesses em comum, torna-se mais fácil a produção de um acordo. É possível encontrar pontos que representem um custo baixo para nós, mas que sejam percebidos como uma grande vantagem pelo outro lado.

Nesse caso, três aspectos são importantes:

- interesses comuns estão latentes em toda a negociação – é preciso identificar o que poderia servir como ponto de partida para querer continuar a preservar o relacionamento, sejam princípios comuns, oportunidades de cooperação, etc.;
- interesses comuns são oportunidades, e não dádivas – é preciso determinação para buscá-los e encontrá-los, e, em seguida, expressá-los como uma meta em comum, voltada para o futuro e para os resultados que ambas as partes vão atingir;
- enfatizar os interesses comuns torna a negociação mais amistosa.

C) Facilitação das decisões do outro:

Facilitar as decisões do outro, basicamente, significa construir uma estratégia que ajude a outra parte a responder às questões que lhe são aflitivas.

São exemplos disso:

- fornecer os argumentos que aquela pessoa deverá utilizar para convencer ou justificar a decisão que está sendo discutida com as outras pessoas envolvidas – fora da mesa, o grupo dele;
- ter em mente que, na maior parte do tempo, o necessário é uma promessa, um acordo, e não uma assinatura de contrato imediata: portanto, nunca é tarde para esboçar novas ideias durante a negociação – isso ajuda a pensar com clareza, além de permitir que a outra parte opine enquanto as alternativas são estruturadas;

Coleção Gestão empresarial

- as pessoas criticam com maior facilidade do que sugerem coisas novas – devemos apresentar alternativas ainda não discutidas, pedir opinião, tentar ouvi-las de verdade, ao invés de partir para justificar nossas novas ideias;
- procurar por precedentes – isso fornece um padrão objetivo e facilita a concordância por parte do outro. Lembrando que fazer ameaças, simplesmente, não é suficiente.

Retomemos o exemplo em que o empresário não poderia pagar um empréstimo e estava sujeito à perda dos bens, que seriam tomados pelo banco:

As possibilidades de encaminhamento são muito amplas, respeitando-se os interesses de ambas as partes:

- reescalonar os prazos, alongando a dívida e reduzindo o pagamento mensal, de forma que a empresa tenha condições de gerar caixa suficiente para pagar o empréstimo;
- avaliar a possibilidade de um novo empréstimo ou contrato de *leasing*, em uma linha de crédito com juros menores e prazos maiores – por exemplo, recorrendo a algum programa governamental de incentivo à indústria;
- avaliar quais as chances de o débito ser pago, no todo ou em parte, por meio de prestação de serviços;
- "lançar mão" de uma linha de crédito de estímulo às exportações, para que aquele cliente possa buscar novos mercados no exterior, reduzindo, dessa forma, sua vulnerabilidade em relação à demanda local – com a vantagem de que o banco faria a intermediação desse novo empréstimo.

E assim por diante, sempre lembrando que o empresário não quer perder as máquinas, assim como o banco não as quer para si, mas lembrando também que o cliente quer recuperar seu negócio e que o banco quer recuperar o valor emprestado.

Critérios

Critérios objetivos

Em uma negociação, um dos principais motivos de rejeição de propostas repousa no sentimento de que aquilo que está sendo proposto "não é justo". O sentimento de autoestima, frequentemente, fala mais alto do que qualquer dado objetivo, como preço, prazo, quantidade, qualidade.

Geralmente, os valores em si chegam a ser irrelevantes, mas a sensação de "estar sendo enganado" desencadeia um forte processo de rejeição que, facilmente, incorre em atitudes irracionais.

Qualquer barganha de posições costuma gerar desconfiança – por vezes sutil, por vezes explícita. Se o processo não foi bem conduzido, ao definirmos os termos do acordo, ficamos com a impressão de que o outro lado está nos enganando.

Legitimidade dos critérios

Toda vez que um dos envolvidos tenta impor um padrão, isso tende a ser rejeitado pelos demais, independentemente de quão justo seja o critério proposto. Há sempre uma sensação – em geral, não declarada – de que o proponente está "puxando a brasa para sua sardinha", ou seja, que só está dando aquela sugestão porque vai-se beneficiar com o resultado.

Por isso, é importante evitarmos a utilização de critérios unilaterais, principalmente se tais critérios não tiverem algum precedente que lhes dê legitimidade, como:

- custo de reposição;
- valor de mercado – se possível, determinado por terceiros ou por tabelas publicadas na imprensa independente;
- outras práticas comuns no mercado em questão.

Motivos

O valor dos critérios, em negociações, costuma ser subestimado. Estabelecer os termos da negociação é, praticamente, uma negociação dentro da negociação, visto que os parâmetros definidos para o acordo são objeto de uma ampla discussão entre as partes.

Existem, pelo menos, quatro importantes motivos pelos quais devemos buscar critérios objetivos e aceitos por todos os envolvidos:

A) Facilitar o acordo:

À medida que cada um de nós se sente bem com o que está sendo decidido, aumentam as chances de chegarmos a um acordo produtivo sem que, para isso, sejam necessárias intermináveis discussões. Isso é particularmente mais verdadeiro no caso de negociações envolvendo múltiplas partes – se dois entre seis ou sete participantes sentirem-se lesados, poderão formar uma coalizão que, simplesmente, impeça qualquer avanço rumo ao acordo.

B) Reduzir o estresse:

A sensação de estarmos trabalhando com critérios vistos como justos faz com que cada um de nós sinta maior conforto emocional, o que reduz o sentimento de perda – mesmo que tenhamos de abrir mão de algo que nos seja caro. Uma coisa é reconhecer que não temos direito a um benefício, mesmo que este seja substancialmente significativo. Outra muito diferente é sentirmo-nos alijados daquilo que nos parece legítimo, mesmo que não seja algo tão significativo. O processo de convencimento torna-se mais fácil quando saímos do "eu estou certo... você está errado" e buscamos a atitude mais lógica, justa e imparcial para o caso.

C) Preservar relacionamentos:

À medida que todos entendemos e aceitamos os critérios, a negociação tende menos para o lado das acusações pessoais. Na verdade, muitos relacionamentos se esfacelam justamente no momento em que definimos critérios, pois é comum um dos envolvidos achar que o outro esteja agindo de forma incorreta. Com isso, perdemos a confiança e abrimos fissuras difíceis de serem reparadas.

D) Estabelecer parâmetros para o futuro:

Um critério que seja aceito por todos pode-se transformar em uma regra a ser evocada em situações similares no futuro. Além da praticidade de já contarmos com um parâmetro conhecido e aceito, ganhamos tempo, evitamos novo desgaste e preservamos o relacionamento.

Requisitos

Definir o que é um bom critério não é tarefa fácil, pois são muitas as variáveis envolvidas e são infinitas as possibilidades de aplicação. Insistir em um critério falho pode ser o caminho para o desastre. Qualquer um dos envolvidos pode recusar o acordo. O relacionamento pode-se desgastar a tal ponto que seja impossível, no futuro, qualquer tentativa de conciliação.

Podemos identificar claramente quatro requisitos ou características obrigatórias para que um critério seja considerado, de fato, bom:

A) Ser visivelmente justo:

Idealmente, não deve pairar dúvida quanto à justiça do que está sendo proposto. Essa percepção de justiça deriva, em geral, de referências externas aos envolvidos, ou seja, tendemos a dar mais crédito àquilo que, em nossa visão, venha a ser uma opinião isenta.

São exemplos de critérios justos: o valor praticado no mercado; o custo de reposição; a identificação de precedentes e as soluções que tenham sido anteriormente adotadas em casos similares; a opinião de um perito; o trabalho de um mediador ou de um árbitro; a informação colhida em um periódico científico; tabelas publicadas pela imprensa especializada, etc.

Outra forma aceita é o critério do "um corta, o outro escolhe", frequentemente usado em partilha de heranças e em divisão litigiosa de terras. Qualquer que seja a forma adotada, o mais importante é que seja clara e inequivocamente justa, sem viés que beneficie um lado em detrimento de outro.

B) Ser imparcial e recíproco:

Um critério só é válido se puder ser aceito igualmente por todos os envolvidos. Impor uma pesada multa contratual por rescisão a uma das partes, mas conceder à outra a possibilidade de denúncia vazia a qualquer tempo é, claramente, um critério parcial e tendencioso.

Um bom teste de imparcialidade consiste em nos colocarmos do outro lado e procurarmos ver como aceitaríamos aquilo que nós mesmos estamos propondo.

C) Ser facilmente compreensível:

Problemas ocorrem quando um dos envolvidos não entende o que está sendo proposto. Consequentemente, fica na defensiva, temendo ser enganado. Talvez o mais perverso, nesse caso, seja que quem não entendeu a proposta, provavelmente, não verbalizará essa situação – até como forma de proteger seu ego –, assumindo um comportamento aparentemente irracional, ou dissimulando os motivos de sua recusa.

Uma das saídas possíveis é sempre deixarmos abertura para pedidos de explicações, com frases do tipo "Será que não fui claro em alguma coisa?", trazendo para nós a responsabilidade por um possível mal-entendido.

D) Ser facilmente aplicável:

Um critério só será válido, se tiver uma aplicabilidade prática, simples e direta. Definir, por exemplo, que um pagamento futuro terá seu valor condicionado à variação de uma cesta de índices monetários pode até dar algum trabalho, mas tem aplicabilidade prática.

Entretanto, definir que tal pagamento será condicionado ao crescimento populacional pode-se transformar em uma enorme dor de cabeça, uma vez que dados demográficos realmente confiáveis e inquestionáveis só são obtidos a cada 10 anos.

Elaboração

Três passos nos permitem elaborar critérios objetivos que resistam ao teste dos quatro requisitos mencionados:

A) Querer o que é justo:

Pode parecer ingênuo, mas é importante, logo de início, verbalizarmos isso para nosso interlocutor: normalmente, a ideia de estarmos buscando justiça encontra uma boa receptividade e tende a desarmar barreiras.

Quando partimos, logo de saída, do pressuposto de que o que buscamos é o justo, amplia-se a relação de confiança e crescem as chances de um trabalho cooperativo, em que todos os envolvidos empenham-se em encontrar caminhos mutuamente aceitáveis.

B) Manter-se aberto:

Podem existir vários padrões que, simultaneamente, passem pelo teste de um bom critério. Nesses casos, é provável que esses diferentes padrões gerem diferentes resultados.

Por exemplo, em um litígio sobre danos em transporte, tanto o custo da mercadoria avariada como o lucro cessante são critérios igualmente válidos, mas levarão a números diferentes.

É possível que ambas as partes cheguem à conclusão de que esses dois critérios sejam justos, mas, como cada uma beneficia mais um dos envolvidos em detrimento do outro, talvez seja conveniente buscar um terceiro critério – que pode inclusive ser uma média desses dois.

C) Não ceder à pressão:

Ainda que o outro lado tente nos ameaçar, jogar emocionalmente ou adotar qualquer outra forma de manipulação, não devemos ceder. A definição de critérios é um passo fundamental da negociação baseada em princípios. Ceder à pressão é o mesmo que "morrer na praia", pois nos leva a pôr em risco todo o esforço anterior.

Coleção Gestão empresarial

Na maioria das vezes, nosso interlocutor vai fazer pressão não porque queira agir de forma incorreta, mas porque ele mesmo se encontra pressionado pela situação. É hora de, polidamente, chamar a atenção para o fato de que todos já investimos muito na negociação e que seria mais adequado para todos fazer um esforço final, a fim de concluí-la com chave de ouro.

Retomemos aquele caso da empresa que havia sido contratada para manutenção de computadores quando um desses equipamentos apresentou defeito em consequência de sucessivas quedas de tensão:

O responsável pelos computadores estava discutindo um reenquadramento do problema, para que os interesses pudessem convergir.

Após alguma discussão, ambos – responsável pelos computadores e prestador de serviços – concluem que a melhor coisa a fazer é dotar tais equipamentos de uma rede estabilizada, pois isso minimizaria a probabilidade de novos defeitos. Resta agora decidirem como farão isso, buscando uma opção de ganhos mútuos.

Um exemplo de solução seria fazerem uma avaliação de quando o prestador de serviços economizará com a rede estabilizada. Ele pode, então, oferecer assessoria técnica para definir como será essa rede. Posteriormente, o prestador pode adquirir os equipamentos (pois o cliente não tem orçamento para isso) e diluir o pagamento dessa compra nos próximos 24 meses. Em contrapartida, o cliente assina um contrato com validade de cinco anos. Dessa forma, todos ganham: o cliente terá a garantia de disponibilidade sem gastar nada de imediato; o prestador de serviços reduz seus custos de manutenção e ainda assegura receita por cinco anos. E não custa lembrar: é provável que o prestador de serviços tenha bons contatos e consiga os equipamentos da rede estabilizada por um preço menor que o usual. Naturalmente, essa é uma entre muitas possíveis soluções.

Na verdade, o começo da solução é quando ambos os lados se conscientizam de que precisam definir um critério para estabelecer, de forma clara e inequívoca, até onde vai a responsabilidade do prestador de serviços e onde começa a responsabilidade da empresa.

As possibilidades são virtualmente ilimitadas, atendendo aos quatro requisitos que caracterizam um bom critério – justiça, imparcialidade, facilidade de entendimento e aplicabilidade.

Evidentemente, a definição de critérios objetivos – válidos e aceitos por todos os envolvidos – não é um processo fácil. Aqui devemos tomar todo o cuidado possível, pois a definição de critérios, às vezes, transforma-se no estopim que destrói relacionamentos sólidos. Estabelecer critérios não é fácil. Entretanto, com certeza, os ganhos superam, amplamente, o sacrifício.

Recomendações

Vimos alguns conceitos e algumas técnicas fundamentais de ampla aplicabilidade, embora tenhamos concentrado nossa atenção nos aspectos mais básicos da negociação.

Contudo, não devemos interpretar isso como solução simplista ou como uma visão ingênua sobre os complexos meandros encontrados na busca do consenso. Pelo contrário, buscamos trabalhar com conceitos de fácil compreensão, de aplicação prática em uma ampla gama de situações, tanto no plano pessoal quanto profissional.

Devemos tentar aplicar os conceitos e as técnicas nas negociações em que iremos nos envolver daqui por diante. Nosso propósito não é substituir a prática, mas sim criar condições para melhorá-la.

No calor da negociação, podemo-nos esquecer de alguma recomendação e cometer certos erros que irão nos trazer aborrecimentos. Contudo, não devemos desanimar. Com a prática, nossas chances de sucesso melhorarão e descobriremos aqueles novos e intrigantes detalhes que fazem a diferença entre "negociar" e "negociar bem".

Finalmente (e talvez o mais importante): invariavelmente, as pessoas bem-sucedidas combinam duas características de comportamento: uma óbvia, outra nem tanto – são o otimismo e o aprendizado com os próprios erros.

Otimismo e aperfeiçoamento

Das características de comportamento combinadas pelas pessoas bem-sucedidas, a óbvia é o *otimismo* – se nos recusarmos a entregar os pontos e acreditarmos em nossa chance de conseguir bons acordos, já teremos meio caminho andado. Certos comportamentos podem ser classificados como "profecia autorrealizável": basta você ir para uma negociação pensando algo como "Não vou conseguir..." que você, muito provavelmente, não vai conseguir mesmo. A esse respeito, Henry Ford[9] tinha uma frase ótima: "Se você pensa que pode ou se pensa que não pode, de qualquer forma você está certo.".

A não tão óbvia – mas nem por isso menos importante – é que pessoas bem-sucedidas aprendem com seus próprios erros. Toda vez que algo sair diferente do previsto, temos duas opções:

- reclamar e jogar a culpa nos outros, com julgamentos do tipo "Não deu certo porque ele não colaborou." ou "É impossível negociar com pessoas assim!";
- procurar identificar qual foi nossa contribuição para que aquilo acontecesse e o que poderíamos ter feito de diferente para que obtivéssemos um resultado melhor.

O primeiro caminho perpetua o erro. Suponhamos, por exemplo, que você foi negociar com seu chefe para obter mais recursos para um projeto, e ele negou, dizendo que a empresa está em contenção de custos. É muito fácil dizer "Ele não tem nenhuma sensibilidade!", culpando-o por você não ter conseguido o que queria na negociação – mas isso em nada ajudará você. Por outro lado, dizer algo como "Eu sabia que ele tem esse perfil e não se sensibiliza facilmente. Talvez, eu deveria ter apresentado o problema de outra forma, ou em um momento mais propício." pode não ser tão fácil (ninguém gosta de admitir que errou) – mas isso evitará a repetição do erro.

Logo, podemos entender isso com uma metáfora: pessoas bem-sucedidas são aquelas que, quando algo acontece fora do desejável, vão ao espelho e examinam a si próprias, tentando encontrar pontos a me-

---

[9] FORD, Henry. *Pensador.Info*. Disponível em: <pensador.uol.com.br/autor/henry_ford/2>. Acesso em: 27 set. 2012.

lhorar da próxima vez. Já aquelas pessoas que, em vez de olharem para o espelho, olham para a janela – ou seja, procuram no mundo exterior a causa e a explicação para o que lhes acontece de errado – estão fadadas a conviver com os mesmos erros.

Cada vez que examinamos a nós mesmos, não apenas crescemos mas também evitamos a repetição do mesmo deslize no futuro. Não resta dúvida: o aperfeiçoamento de nossas habilidades pessoais é uma longa caminhada. Contudo, essa caminhada é excitante e fascinante como a própria vida.

Autoavaliações

Questão 1:

O Método de Harvard constitui a mais consagrada metodologia para encaminhar o processo de busca do acordo.

A espinha dorsal desse método fundamenta-se naquilo que se convencionou chamar de:

a) controle de soluções essenciais.
b) negociação baseada em princípios.
c) controle de comportamentos pessoais.
d) negociação de agregação de interesses.

Questão 2:

O Método de Harvard mostra-se bastante apropriado para as negociações dentro de qualquer tipo de organização, seja empresa, associação, ONG.

Contudo, por sua estrutura e por suas características, ele se mostra particularmente mais adequado em negociações que envolvam, em maior grau:

a) disputas entre países.
b) relacionamentos pessoais.
c) interesses acadêmico-científicos.
d) necessidade de crédito financeiro.

Coleção Gestão empresarial

Questão 3:

Nem a mais meticulosa das análises conseguirá resolver uma disputa se o relacionamento estiver carregado de emoções hostis.

Admitir as emoções, durante a negociação – ao menos para nós mesmos – é:

a) errado, pois é o mesmo que abrir a guarda para o inimigo.

b) errado, pois emoções são um entrave à racionalidade e devem estar fora da mesa.

c) correto, pois assim temos mais chance de compreender – e, consequentemente, controlar – o que nos afetou.

d) correto, pois, em uma negociação, todos devem confiar uns nos outros para compartilhar sentimentos mais íntimos.

Questão 4:

Nossas experiências pessoais são armazenadas em nossa mente e servem de referência para situações futuras. De fundamental importância para nosso desenvolvimento geral, esse conjunto de experiências que vivenciamos e que sentimos é também responsável por boa parte de nossos preconceitos.

Chamamos essas experiências armazenadas mentalmente de:

a) cultura.

b) memória basal.

c) trauma de infância.

d) memória emocional.

Negociação /

Questão 5:

Conciliar interesses é bem mais difícil do que conciliar pessoas. Isso se explica, fundamentalmente, porque:

a) ainda que haja interesses comuns, sempre haverá a possibilidade de visões antagônicas se sobreporem.

b) as pessoas, mesmo quando em posições opostas, se motivadas adequadamente, tendem à conciliação.

c) todo e qualquer interesse, por mais que seja compartilhado, tem sempre uma variável capaz de gerar divergências.

d) para cada interesse, geralmente, há várias posições possíveis e, por trás de posições antagônicas, pode haver interesses comuns.

Questão 6:

Tendemos a presumir que, se a outra parte possui posições diferentes das nossas, seus interesses conflitam com os nossos.

O primeiro passo para sairmos dessa armadilha é:

a) barganhar posições.

b) mudar de interesses o quanto antes.

c) identificar os interesses que estão em jogo.

d) propor uma mudança temporária de posições.

Coleção Gestão empresarial

Questão 7:

Na maior parte das negociações, existem obstáculos que devem ser removidos para que mais opções possam ser criadas.

Entre esses obstáculos, **não** é correto incluirmos o seguinte:

a) julgamento prematuro.
b) busca de resposta única.
c) pressuposição de bolo fixo.
d) considerar nosso o problema do outro.

Questão 8:

É sempre interessante possuirmos mais de uma opção para resolver determinado problema.

A saída está em ampliar as opções sobre a mesa, não parando na primeira solução que, aparentemente, resolva a situação.

Um método possível para isso é utilizarmos as técnicas de:

a) *brainstorming* e *brainwriting*.
b) *brainstorming* e *braintalking*.
c) *brainstorming* e *brainwalking*.
d) *brainchanging* e *brainstealing*.

Negociação

Questão 9:

Toda vez que um dos envolvidos tenta impor um padrão, isso tende a ser rejeitado pelos demais, independentemente de quão justo seja o critério proposto.

Por isso, é importante evitarmos a utilização de critérios unilaterais, principalmente se tais critérios não tiverem algum precedente que lhes dê legitimidade, como:

a) subjetividade.
b) custo de reposição.
c) interesse na plateia.
d) barganha de posições.

Questão 10:

Com a prática, descobriremos aqueles novos e intrigantes detalhes que fazem a diferença para sermos bem-sucedidos.

Invariavelmente, as pessoas bem-sucedidas combinam duas características de comportamento:

a) a empatia e a autodefesa.
b) a precaução e o pulso firme.
c) o magnetismo pessoal e o paternalismo.
d) o otimismo e o aprendizado com os próprios erros.

Vocabulário

Vocabulário

A

Alienação fiduciária – transferência, ao credor (fiduciário), do domínio e da posse indireta de um bem, independentemente de sua tradição efetiva, em garantia do pagamento de uma obrigação pelo devedor (fiduciante).

Os direitos do adquirente sobre a coisa se resolvem com o pagamento da dívida sob garantia.

Arresto – apreensão judicial de bens do devedor, com a finalidade de garantir a execução. Esse procedimento é utilizado quando o oficial de justiça não encontra o devedor para nomear bens à penhora.

B

Brainstorming – técnica utilizada para gerar ideias. Consiste em propor a um grupo a relação de todo tipo de associações que vierem à cabeça, sem nenhuma análise sobre sua pertinência, para avaliação posterior. Visa à solução de problemas em grupo, além do aumento da criatividade e da participação de todos os membros desse grupo.

Brainwriting – variação do *brainstorming*. A diferença é que, enquanto o *brainstorming* é um processo essencialmente verbal, ou seja, os participantes falam livremente, o *brainwriting* pressupõe que cada pessoa anote suas ideias para posterior discussão.

É apenas uma variação da metodologia, com a mesma finalidade de gerar ideias inovadoras.

Bruce Patton – professor da Harvard Law School e da Harvard Negotiation Project. Presta consultoria a pessoas da área de negócios, governos, organizações e comunidades de todo o mundo. O autor tem escrito sobre negociação e comunicação em várias publicações, incluindo *The New York Times.*

Bypass – expressão da língua inglesa, cujo sentido literal é *contornar*. É frequentemente utilizada como sinônimo da expressão coloquial "passar por cima", no sentido de desconsiderar a pessoa ou o objeto que se encontra à nossa frente. No contexto da negociação, o *bypass* significa o ato de deixar de lado nosso interlocutor e atender diretamente outras pessoas, sem consentimento daquele.

C

Clínicas de conflitos – espécie de tratamento terapêutico que atua sobre o comportamento das pessoas a fim de ajudá-las a combater reações agressivas durante uma negociação e a agir de maneira mais racional e equilibrada. Trabalha-se todo o processo de negociação desde o processo de preparação – que normalmente se inicia antes do primeiro contato propriamente dito – até o fechamento do acordo.

Cash on delivery **(COD)** – cf. pagamento contra entrega.

E

Escola de Direito de Harvard (Harvard Law School) – escola pertencente à Universidade de Harvard, em Cambridge (cidade vizinha a Boston, no Estado de Massachusetts, Estados Unidos). Reconhecida como uma das mais importantes faculdades de direito do mundo.

Estratégia – caminho mais adequado a ser percorrido, visando ao alcance de um objetivo.

Em um mundo cuja concorrência é intensa, é preciso ir além da simples preocupação com operações. Muitas empresas chegaram à conclusão de que a eficiência operacional é um "beco sem saída" – importante, necessária, mas não suficiente.

Depois de 10 ou 15 anos concentrando-se em questões operacionais, as empresas começam a reconhecer que aquilo que as diferencia e permite que tenham sucesso é, afinal, uma estratégia sólida e exclusiva.

G

G. Richard Shell – professor de estudos jurídicos e gerenciamento na Wharton School, University of Pennsylvania. É fundador e diretor do *workshop* de negociação executiva daquela escola.

H

Herb Cohen – negociador bastante conhecido nos EUA. Foi conselheiro dos ex-presidentes Jimmy Carter e Ronald Reagan. Além de sua atuação na área de conflitos internacionais, trabalha também em negócios de fusões e aquisições de empresas.

Howard Raiffa – professor emérito da Frank Ramsey, professor do Managerial Economics e da Kennedy School of Government da Universidade de Harvard. Teórico influente em negociação e decisão bayesiana.

Seu livro *Teoria da decisão estatística aplicada*, em coautoria com Robert Schlaifer, introduziu a ideia da utilização de métodos bayesianos para apostar em cavalos. Um cientista da Marinha teve a ideia de usar métodos bayesianos para procurar uma falha na Força Aérea americana e apreendeu uma bomba de hidrogênio perto de Palomares, Espanha, em 1966.

Raiffa analisou as situações envolvendo o uso de probabilidade subjetiva e argumenta que as probabilidades subjetivas devem seguir as mesmas regras – os axiomas de Kolmogorov – como o objetivo e a frequência, baseados em probabilidades.

J

Juros compostos – taxas de juros que incidem sobre um empréstimo ou uma aplicação. A cada período que dura o empréstimo, os juros são calculados sobre o saldo devedor do empréstimo, que inclui o principal e os juros ainda não pagos.

L

Licitação – procedimento administrativo para escolha de empresa ou de pessoa a ser contratada para fornecer bens, prestar serviços ou executar obras.

É obrigatória na administração pública, ressalvadas as exceções previstas em lei. Nos procedimentos eletrônicos, não são contratadas obras.

Liquidez – capacidade de a empresa liquidar ou solver (ou seja, pagar) seus compromissos na data de seus respectivos vencimentos.

Também indica a velocidade com que um ativo ou passivo se converte em caixa – recebido ou pago. Assim sendo, os ativos e os passivos são classificados no balanço patrimonial a partir de um critério de liquidez decrescente, ou seja, dos mais aos menos líquidos.

M

Margaret Neale – professora da Stanford Graduate School of Business. Massachusetts Institute of Technology (MIT) – entidade do ramo da educação sediada em Cambridge, Massachusetts.

Negociação /

É um dos principais centros de excelência em ensino e pesquisa dos Estados Unidos, tendo como missão o avanço do conhecimento e a educação em áreas como ciências e tecnologia.

Max H. Bazerman – doutor em comportamento organizacional e professor da J. L. Kellogg Graduate School of Management, da Northwestern University, em Evanston, Illinois.

Método de Harvard – roteiro desenvolvido na Harvard Law School para a condução de negociações, que foi originalmente criado por Roger Fisher e William Ury, no livro *Como chegar ao sim*. Posteriormente, Bruce Patton acrescentou conteúdo complementar e deu ao livro (e ao Método) o formato no qual é conhecido hoje.

O

Oferta – apresentação de mercadorias, de serviços ou de títulos de qualquer espécie como objeto próprio de transação.

P

Pagamento contra entrega/*cash on delivery* (COD) – modalidade de pagamento pela qual o cliente paga pela mercadoria requerida no momento em que a recebe. O local de entrega/pagamento é estabelecido pelo próprio cliente.

Paradoxo – dupla implicação entre uma proposição e sua negação, que caracteriza uma contradição insolúvel.

Produto – aquilo que é disponibilizado no mercado para atenção, aquisição, utilização ou consumo, e que pode satisfazer um desejo ou uma necessidade de natureza econômica.

Coleção Gestão empresarial

No contexto bancário, é um serviço financeiro que tem a finalidade de vincular o cliente ao banco por meio de vantagens, coberturas, benefícios, descontos, serviços diferenciados, entre outros.

Project on Negotiation (PON) – grupo de trabalho concebido e divulgado em conjunto pelo MIT e a Universidade de Harvard, tendo como foco o desenvolvimento de pesquisa, ensino e publicações na área de negociação.

R

Rede – na ciência da computação, uma rede é o conjunto de computadores conectados entre si, permitindo a seus usuários o compartilhamento de programas e de arquivos.

Risco – evento ou condição incerta que, se ocorrer, provocará um efeito (positivo ou negativo) não planejado nos objetivos de um projeto ou de uma atividade. Uma definição usual diz que risco é a variabilidade do retorno (para mais ou para menos).

Roger Fisher – bacharel e licenciado em direito pela Universidade de Harvard. Lecionou nessa universidade de 1958 a 1992. É especialista em negociação e gestão de conflitos. É coautor, com William Ury, do *bestseller Como chegar ao sim*.

Depois de servir na II Guerra Mundial como piloto, Fisher trabalhou no Plano Marshall em Paris. Depois de terminar seu bacharelado, trabalhou no Covington & Burlinge, um escritório de advocacia de Washington, discutindo vários casos perante o Supremo Tribunal e assessorando diversas disputas internacionais.

Depois de ter perdido muitos de seus amigos na guerra e vendo tantos litígios onerosos como litigante, ficou intrigado com a arte e a ciência de como podemos gerir nossas diferenças. Fisher e seus alunos fundaram, em 1979, o Projeto de Negociação de Harvard (PON), em que entrevistava pessoas que eram conhecidas como negociadores qualificados, a fim de compreender o que as tornava eficazes.

Iniciou os estudos de conflito com a pergunta: "Que conselho eu poderia dar para as duas partes em uma disputa que seria útil a conduzir a melhores resultados?". Esse trabalho deu origem ao projeto Mediação internacional: um guia de trabalho; e, finalmente, ao *best-seller* internacional *Como chegar ao sim*.

Ao longo dos anos 1980 e 1990, Fisher ministrou cursos sobre negociação e gestão de conflitos em Harvard, e também trabalhou como consultor em negociações reais e conflitos de todos os tipos em todo o mundo, incluindo os processos de paz, as crises de reféns, as negociações diplomáticas e comerciais e negociações e disputas jurídicas.

Em 1984, fundou o Conflict Management Group (CMG), em Cambridge. O CMG era especializado em facilitar as negociações nos conflitos em todo o mundo e se fundiu com o grupo humanitário Mercy Corps em 2004. Fisher é membro do Conselho de Relações Exteriores e do Conselho Editorial Internacional da Cambridge Review of International Affairs.

S

Serviço – atividade (ou série de atividades) de natureza intangível, que é fornecida como solução ao problema do cliente.

Scott Brown – economista chefe do Equity Research Department at Raymond James & Associates, Inc.; membro do New York Stock Exchange/SIPC, uma subsidiária da Raymond James Financial, Inc. (NYSE-RJF). Primeiramente, juntando-se a Raymond James em 1993, dr. Brown foi gerente de pesquisa econômica no Pacific First Bank, Seattle, e, anteriormente, havia sido diretor de pesquisa no First Imperial Advisors. Trabalhou também como economista no San Diego Gas & Eletric.

\ Coleção Gestão empresarial

Dr. Brown é graduado bacharel em matemática pela Universidade da Califórnia, Irvine, em 1978, e mestre em estatística pela Universidade de Illinois. Em 1986, ele completou seus estudos com o doutorado em economia pela Universidade da Califórnia, San Diego.

Leciona na Universidade de Illinois, na Universidade da Califórnia (San Diego) e na San Diego State University. É membro da American Economic Association e da National Association for Business Economics. Também trabalha no Governor's Council of Economic Advisors para o estado da Flórida e é membro do Economic Advisory Council of the American Bankers Association.

W

William Ury – doutor em antropologia social pela Universidade de Harvard e graduado pela Universidade de Yale. Também estudou, por algum tempo, na Suíça.

É um dos mais renomados especialistas em negociação, com experiência em conflitos empresariais e em política internacional. Além disso, atuou como consultor do Pentágono e do ex-presidente Jimmy Carter.

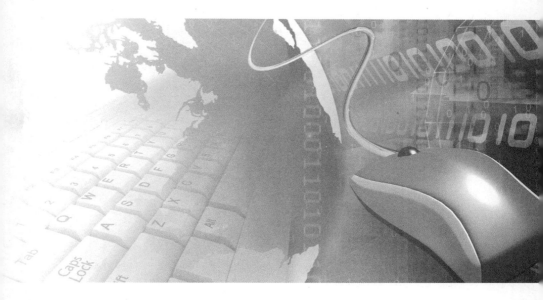

Autoavaliações – Gabaritos e comentários

Negociação /

Módulo I – Natureza da negociação

Questão 1:

Gabarito: b

a) as falhas na comunicação.
b) a simetria de informações.
c) o comportamento emotivo.
d) a assimetria de informações.

Comentários:

Em toda negociação, um dos lados tem sempre informações que o outro não tem (assimetria de informações), há influência de fatores que compreendem a parte menos racional da busca do acordo, como o comportamento emotivo e a falha na comunicação (fatores intervenientes) e, por fim, não existe negociação sem desgaste de todos os envolvidos (estresse).

Questão 2:

Gabarito: d

a) a compra pelo mínimo e a venda pelo máximo possível.
b) um processo de comunicação direcionado e racional que ocorre quando duas ou mais partes desejam algo em comum.
c) um processo interativo de duas ou mais partes mutuamente dependentes, que têm pouca autonomia de decisão, cada uma delas interessada na busca de soluções que assegurem os interesses recíprocos da melhor forma possível.
d) um processo interativo de duas ou mais partes independentes ou interdependentes, que têm autonomia de decisão, cada uma delas interessada na busca de soluções que assegurem seus próprios interesses da melhor forma possível.

Comentários:

Embora existam diferentes maneiras de conceituar negociação, uma definição possível é a de negociação como um processo interativo de dois ou mais interlocutores, cada qual procurando proteger seus próprios interesses. A necessidade de um processo de negociação está, em grande medida, relacionada ao fato de que as partes gozam de um grau de independência, que quase sempre impede que uma delas imponha sua decisão à outra.

Questão 3:

Gabarito: d

a) prezam pela transparência.
b) têm sempre uma agenda oculta.
c) preferem fazer acordos baseados em especulação.
d) tendem a interpretar uma mesma informação de forma diferente.

Comentários:

Por mais que as partes proponham a abertura irrestrita de informações, a assimetria sempre está lá. Além do fato de que um dos lados sempre terá dados que o outro não terá, há também a questão de que uma informação conhecida por ambos tende a ser interpretada de forma distinta por cada um.

Questão 4:

Gabarito: b

a) culturais.
b) subjetivos.

Negociação /

c) pecuniários.
d) dissertativos.

Comentários:

Por mais estranho que isso possa parecer, por vezes, a satisfação subjetiva adquire uma importância maior do que aspectos objetivos, como preço, condições de pagamento e quantidades, entre outros.

Questão 5:

Gabarito: b

a) A é um excelente negociador.
b) B tende a desconfiar que não fez bom negócio.
c) A certamente está levando vantagem pecuniária.
d) B comemora, já que sua proposta foi tão bem aceita.

Comentários:

Se aceitarmos uma proposta logo de saída, fica presente o fantasma do mau negócio, tanto para quem faz a proposta (que fica com a sensação de que poderia ter pedido mais) quanto para quem a aceita (que fica com a sensação de que poderia ter feito uma contraproposta).

Talvez essas sensações não apareçam de imediato, mas ambos os envolvidos, quando refletem sobre a questão, podem se sentir desconfortáveis.

Questão 6:

Gabarito: d

a) evitar o estresse durante a negociação.
b) ter um comportamento mais receptivo.

Coleção Gestão empresarial

c) assegurar a qualidade daquilo que negocia.
d) comprar pelo mínimo ou vender pelo máximo.

Comentários:

A vantagem pecuniária consiste, principalmente, em comprar pelo mínimo e vender pelo máximo. Porém, pode também materializar-se em menor ou maior prazo (depende daquilo que se deseja), em menos ou mais serviços pelo mesmo preço (depende de que lado se está) ou, ainda, em alguma outra forma mensurável de benefício.

Questão 7:

Gabarito: c

a) falhas na comunicação e estresse.
b) falhas na comunicação e assimetria de informações.
c) comportamentos emotivos e falhas na comunicação.
d) comportamentos emotivos e assimetria de informações.

Comentários:

Os fatores intervenientes se traduzem em:

- comportamentos emotivos – análises e decisões nem sempre racionais, especialmente nos momentos em que nos encontramos mais sensíveis;
- falhas na comunicação – as comunicações entre pessoas tendem a ser truncadas e incompletas, gerando mal-entendidos;
- falhas de percepção – as pessoas tendem a se comportar não propriamente conforme a realidade objetiva, mas sim com base em suas percepções (que nem sempre correspondem aos fatos).

Negociação

Questão 8:

Gabarito: a

a) pode ser inviável, dependendo das propostas.
b) é uma decisão a ser tomada pela parte que iniciou a negociação.
c) é válido somente se as partes negociadoras não tiverem agenda oculta.
d) é o principal objetivo de uma negociação e deve ser obtido a qualquer custo.

Comentários:

Um erro comum que cometemos quando negociamos é a busca incondicional pelo acordo, o que nos leva, muitas vezes, a aceitar propostas que deveriam ser rejeitadas.

Questão 9:

Gabarito: b

a) evitar a assimetria de informações.
b) abrir mão de uma parcela do ganho pecuniário.
c) avisar a outra parte quando desconfiar que ela está sob efeito plateia.
d) interromper o interlocutor a qualquer sinal de estresse por parte dele.

Comentários:

Frequentemente, compensa abrirmos mão de uma parcela do ganho pecuniário em nome de um relacionamento mais sólido, pois esse processo pode ser encarado como um investimento. Aquilo de que abrimos mão hoje pode nos trazer retornos materiais no futuro.

Coleção Gestão empresarial

Questão 10:

Gabarito: b

a) preço.
b) incerteza.
c) concentração.
d) racionalidade.

Comentários:

O principal fator gerador de estresse é a incerteza, que é uma consequência direta de nossa imprevisibilidade como seres humanos. Mesmo no caso de pessoas com quem convivemos por longos anos, nunca sabemos ao certo qual será seu próximo passo.

Negociação /

Módulo II – Condução da negociação

Questão 1:

Gabarito: a

a) **considerar a opinião de pessoas a quem, embora em outro plano da negociação, devemos prestar contas.**
b) atentar para os dois ou mais indivíduos que se encontram à frente da discussão, procurando antever decisões.
c) manter o foco da negociação nos interesses de eventuais fornecedores que possam oferecer vantagens adicionais.
d) olhar para os interesses de todas as pessoas que se encontram diretamente envolvidas – ainda que de forma discreta – no primeiro plano da negociação.

Comentários:

Em uma negociação, o processo decisório é influenciado por ideias e julgamentos de pessoas que estão fora da mesa de negociações. Na maior parte dos casos, as preferências próprias do negociador têm de ser balanceadas com as preferências de outras pessoas a quem ele deve prestar contas, formal ou informalmente.

Assim, embora seja possível que, em certos casos, o negociador tenha uma grande autonomia, frequentemente, ele atua de forma a representar interesses que são, pelo menos em parte, diferentes de seu interesse pessoal.

Questão 2:

Gabarito: b

a) trocar a cumplicidade pela discussão.
b) **fortalecer a posição do interlocutor perante seu grupo.**

Coleção Gestão empresarial

c) dizer ao grupo que a negociação só continua com aquele interlocutor.

d) fazer com que ele se indisponha com o chefe, para que o chefe perceba o valor de nossa proposta.

Comentários:

A melhor forma de fortalecer a posição de nosso interlocutor é oferecer-lhe uma concessão palpável logo de início, para que ele possa legitimar sua posição diante de seu grupo. Isso possibilitará que ele tente convencer seus pares de que é boa a proposta que lhe estamos apresentando.

Questão 3:

Gabarito: d

a) medos e anseios.
b) tolerância ao risco.
c) preferências pessoais.
d) assimetria de informações.

Comentários:

Da mesma forma que nosso interlocutor dispõe de informações de que seu grupo não dispõe, este, por sua vez, também tem detalhes não compartilhados.

A tendência é que até mesmo as informações compartilhadas pelo representante e pelo grupo representado passem a ser interpretadas de formas diferentes.

Negociação /

Questão 4

Gabarito: a

a) trocar a discussão pela cumplicidade.
b) elogiar o interlocutor perante seu grupo.
c) fortalecer a posição do interlocutor dentro de nosso grupo.
d) oferecer vantagem pecuniária ao interlocutor caso a proposta seja aceita.

Comentários:

Em vez de discutirmos com nosso interlocutor, devemo-nos empenhar em ajudá-lo a convencer seu grupo de que nossa proposta é interessante.

Questão 5:

Gabarito: b

a) efeito plateia.
b) agenda oculta.
c) situações de risco.
d) informações estratégicas.

Comentários:

Em geral, em um processo de negociação, os envolvidos têm conhecimento do foco do consenso que está sendo buscado. Quando há uma agenda oculta, entretanto, existe uma particular assimetria de informações entre os negociadores.

A existência de uma agenda oculta pode derivar de diversos fatores, como, por exemplo, do desejo de evitar um escândalo que poderia prejudicar alguma das partes. Chegar a um acordo torna-se, nesses casos, mais difícil, uma vez que negociar seguindo uma linha lógica pode ter um efeito nulo, pois a real fonte de empecilhos é diferente daquela que está sendo explicitada. Dessa forma, a identificação da agenda oculta é imperativa para que o esforço de negociação gere resultados.

Questão 6:

Gabarito: a

a) efeito plateia.
b) afago no ego.
c) agenda oculta.
d) cobrança externa.

Comentários:

Um aspecto interessante em uma negociação é que comumente há um lado "jogando para plateia". O efeito plateia introduz perigosos componentes no processo de negociação, pois o resultado em si deixa de ser o mais importante para o outro lado, que está primariamente interessado em sua imagem e no que os outros pensarão a seu respeito.

Questão 7:

Gabarito: a

a) adversários naturais.
b) divergências múltiplas.
c) alianças circunstanciais.
d) grupos dentro do grupo.

Negociação /

Comentários:

O principal risco de adversários naturais é que, mesmo que sejam individualmente pouco significativos no processo de negociação, eles formem alianças com outras pessoas, justamente para barrar decisões contrárias a seus interesses.

Questão 8:

Gabarito: c

a) efeito plateia.
b) adversário natural.
c) **processo decisório.**
d) nível de agregação.

Comentários:

Toda vez em que pensamos sobre como nossas ações influenciarão no juízo que certas pessoas fazem de nós, nosso processo decisório é afetado. Talvez essas pessoas jamais peçam qualquer explicação sobre nossas decisões, mas o simples fato de existir a possibilidade de alguém nos perguntar algo já afeta nosso processo decisório.

Questão 9:

Gabarito: a

a) **duas ou mais partes têm uma razoável superposição de interesses, ainda que apresentem divergências.**
b) as partes se unem apesar de apresentarem significativa divergência de interesses nos pontos mais relevantes.

\ Coleção Gestão empresarial

c) há uma coalizão para troca de apoios mútuos, justamente por não existir superposição de interesses comuns.

d) as pessoas se aglutinam em várias células, com diversas composições, de acordo com o que esteja na pauta naquele momento.

Comentários:

Por terem interesses comuns, as partes se compõem e buscam se impor conjuntamente, aumentando seu poder de pressão sobre os demais membros do grupo.

Questão 10:

Gabarito: c

a) omissões.
b) demissões.
c) **dissonâncias.**
d) afagos no ego.

Comentários:

As dissonâncias são inevitáveis, mesmo quando há bastante identificação entre interlocutor e grupo.

Negociação /

Módulo III – Alternativas em negociação

Questão 1:

Gabarito: b

a) subestimação de alternativas, apego emocional ou informações pouco confiáveis.
b) apego emocional, ignorância da dinâmica do mercado ou informações irrelevantes.
c) viés de análise, ignorância da condição estática do mercado ou informações irrelevantes.
d) superestimação de alternativas, informações confiáveis ou mito do bolo de tamanho fixo.

Comentários:

Por vezes, uma decisão é tomada de forma precipitada, sem se levarem em conta as alternativas disponíveis, fato que sinaliza que o processo decisório em negociações costuma ser complexo por vários motivos, como por exemplo:

- viés de análise;
- apego emocional;
- informações irrelevantes;
- informações pouco confiáveis;
- mito do bolo de tamanho fixo;
- superestimação de alternativas;
- ignorância da dinâmica do mercado.

Coleção Gestão empresarial

Questão 2:

Gabarito: d

a) avaliação das alternativas.
b) seleção da melhor alternativa.
c) identificação de uma possível rota de fuga.
d) levantamento e organização de alternativas.

Comentários:

O primeiro passo do processo é fazer o levantamento e a organização de alternativas. Nessa coleta de informações, a palavra-chave é *criatividade*; qualquer coisa pode ser sugerida sem limites ou restrições. É interessante anotar cada ideia, mesmo que, à primeira vista, pareça inexata ou inexequível.

Questão 3:

Gabarito: a

a) não se consiga chegar ao acordo.
b) seja necessário reposicionar a escala de preferências.
c) seja a opção ideal descartar alternativas fora de propósito.
d) seja necessário detalhar a operacionalização das alternativas.

Comentários:

O processo de desenvolvimento de alternativas segue, basicamente, quatro passos:

- levantamento e organização de alternativas;
- avaliação das alternativas;
- estudo detalhado das melhores alternativas;
- seleção da melhor alternativa.

Negociação /

Questão 4:

Gabarito: a

a) falta de tempo.
b) falta de capital inicial.
c) impaciência do outro lado da mesa.
d) dificuldade na definição de alternativas.

Comentários:

O comum é que a geração de alternativas seja negligenciada por falta de tempo. Porém, além de reduzir o estresse, o tempo que investimos no desenvolvimento de alternativas, antes da primeira rodada, faz com que evitemos um enorme desperdício de tempo no processo de negociação em si.

Questão 5:

Gabarito: a

a) apego emocional.
b) informações irrelevantes.
c) superestimação de alternativas.
d) desconhecimento da dinâmica do mercado.

Comentários:

O processo decisório em negociações costuma ser complexo por vários motivos. Um desses motivos é o apego emocional, pelo qual é comum que decisões sejam tomadas sem se levarem em conta as alternativas disponíveis.

Coleção Gestão empresarial

Questão 6:

Gabarito: a

a) viés de análise.
b) apego emocional.
c) superestimação de alternativas.
d) desconhecimento da dinâmica de mercado.

Comentários:

Muitas vezes, tendemos a raciocinar em termos viesados. Somos muito sujeitos à forma como a informação é apresentada.

Questão 7:

Gabarito: a

a) propostas sejam recusadas por serem boas demais.
b) ofertas sejam recusadas ou aceitas com base no valor de mercado.
c) o valor de venda de uma mercadoria dependa primordialmente de seu custo.
d) propostas apresentadas de forma positiva tendam a ser mais facilmente aceitas.

Comentários:

Propostas boas demais costumam gerar certa desconfiança de que o outro lado estaria agindo com intenções escusas e dissimuladas, por isso, frequentemente, são recusadas.

Questão 8:

Gabarito: b

a) deficiente, já que antiético.
b) deficiente, já que erros alheios tendem a prejudicar a nós mesmos.
c) eficiente, já que o ponto de vista prático não abrange questões éticas.
d) deficiente, já que o principal em uma negociação é garantir vantagem pecuniária.

Comentários:

O que conduz a uma boa negociação não é apenas evitar armadilhas em nosso comportamento mas também trazer nosso interlocutor de volta à sensatez, quando identificarmos que ele não está tendo um comportamento racional.

Questão 9:

Gabarito: c

a) pode ser corrigido ao longo da negociação.
b) pode ser considerado assimetria de informações.
c) deve ser evitado, por atrasar o processo de negociação.
d) deve ser interpretado pelo interlocutor como indício de agenda oculta.

Comentários:

O tempo que investimos no desenvolvimento de alternativas antes da primeira rodada fará com que evitemos um enorme desperdício de tempo no processo de negociação em si.

\ Coleção Gestão empresarial

Questão 10:

Gabarito: c

a) atribuímos a algum bem um valor desligado da realidade.

b) estipulamos o preço de venda de um bem com base no seu custo.

c) **tomamos decisões com base na forma como a informação é apresentada.**

d) desconsideramos a obsolescência de um bem no momento de sua venda.

Comentários:

A proposta que nos é apresentada de forma positiva tende a ser mais facilmente aceita do que a mesma proposta enunciada de forma diferente.

Negociação /

Módulo IV – Método de Harvard

Questão 1:

Gabarito: b

a) controle de soluções essenciais.
b) negociação baseada em princípios.
c) controle de comportamentos pessoais.
d) negociação de agregação de interesses.

Comentários:

Negociar com base em princípios significa buscar a essência dos interesses e a forma mais justa e eficaz de superar conflitos.

Questão 2:

Gabarito: b

a) disputas entre países.
b) relacionamentos pessoais.
c) interesses acadêmico-científicos.
d) necessidade de crédito financeiro.

Comentários:

O Método de Harvard é adequado a negociações que envolvam, em maior grau, relacionamentos pessoais.

Coleção Gestão empresarial

Questão 3:

Gabarito: c

a) errado, pois é o mesmo que abrir a guarda para o inimigo.

b) errado, pois emoções são um entrave à racionalidade e devem estar fora da mesa.

c) **correto, pois assim temos mais chance de compreender – e, consequentemente, controlar – o que nos afetou.**

d) correto, pois, em uma negociação, todos devem confiar uns nos outros para compartilhar sentimentos dos mais íntimos.

Comentários:

O aconselhável é que desenvolvamos a capacidade de reconhecer e de admitir as próprias emoções, de modo que isso ajude a desfazer impasses e hostilidades oriundas da negociação.

Questão 4:

Gabarito: d

a) cultura.

b) memória basal.

c) trauma de infância.

d) **memória emocional.**

Comentários:

Nossa memória emocional é o nosso conjunto de experiências pessoais que nos serve de referência para situações futuras. E é dela que vêm alguns dos estereótipos (negativos ou positivos) mais difíceis de descartarmos.

Negociação

Questão 5:

Gabarito: d

a) ainda que haja interesses comuns, sempre haverá a possibilidade de visões antagônicas se sobreporem.
b) as pessoas, mesmo quando em posições opostas, se motivadas adequadamente, tendem à conciliação.
c) todo e qualquer interesse, por mais que seja compartilhado, tem sempre uma variável capaz de gerar divergências.
d) **para cada interesse, geralmente, há várias posições possíveis e, por trás de posições antagônicas, pode haver interesses comuns.**

Comentários:

Quando se vai a fundo ao motivo que levou determinada pessoa a assumir uma posição, percebemos claramente que seu interesse pode ser atendido por vários outros caminhos. Conquanto esteja descumprindo uma determinação, a pessoa que o faz tem exatamente o mesmo interesse que a pessoa que estabeleceu a rotina de trabalho.

Questão 6:

Gabarito: c

a) barganhar posições.
b) mudar de interesses o quanto antes.
c) **identificar os interesses que estão em jogo.**
d) propor uma mudança temporária de posições.

Comentários:

Tendemos a presumir que, se a outra parte possui posições diferentes das nossas, seus interesses conflitam com os nossos. O primeiro passo para sair dessa armadilha é identificar os interesses que estão em jogo.

\ Coleção Gestão empresarial

Questão 7:

Gabarito: d

a) julgamento prematuro.
b) busca de resposta única.
c) pressuposição de bolo fixo.
d) considerar nosso o problema do outro.

Comentários:

Os quatro obstáculos a serem removidos para a criação de uma multiplicidade de opções são:

- julgamento prematuro – não é natural sair inventando alternativas para resolver um problema;
- busca de resposta única – resolver a disputa equivale a encontrar uma posição no meio do caminho entre as posições conflitantes;
- pressuposição de bolo fixo – não há possibilidades de ambas as partes saírem com seus interesses atendidos;
- pensar que resolver o problema deles não é problema nosso – enquanto o outro não resolver seu problema, não resolveremos o nosso.

Questão 8:

Gabarito: a

a) *brainstorming* e *brainwriting*.
b) *brainstorming* e *braintalking*.
c) *brainstorming* e *brainwalking*.
d) *brainchanging* e *brainstealing*.

Comentários:

Sessões de *brainstorming* (sugestões livres, frente a frente) ou *brainwriting* (por escrito, em vez de face a face) destinam-se a produzir o maior número possível de ideias para resolver o problema.

Questão 9:

Gabarito: b

a) subjetividade.
b) custo de reposição.
c) interesse na plateia.
d) barganha de posições.

Comentários:

É importante evitarmos a utilização de critérios unilaterais, principalmente se tais critérios não tiverem algum precedente que lhes dê legitimidade, como:

- custo de reposição;
- valor praticado no mercado segundo fontes imparciais;
- outras práticas comuns no mercado em questão.

Questão 10:

Gabarito: d

a) a empatia e a autodefesa.
b) a precaução e o pulso firme.
c) o magnetismo pessoal e o paternalismo.
d) o otimismo e o aprendizado com os próprios erros.

Comentários:

Das características de comportamento combinadas que se observam em pessoas bem-sucedidas, a óbvia é o *otimismo* – se nos recusarmos a entregar os pontos e acreditarmos em nossa chance de conseguir bons acordos, já teremos meio caminho andado. A não tão óbvia – mas nem por isso menos importante – é que pessoas bem-sucedidas aprendem com seus próprios erros.

Bibliografia comentada

BAZERMAN, M. H.; NEALE, M. A. *Negociando racionalmente*. 2. ed. São Paulo: Atlas, 1998.

Além de discutir, em detalhes, os principais erros em que incorrem os negociadores, este livro relata também alguns aspectos complementares sobre táticas a serem empregadas nos diversos contextos em que ocorre a negociação.

COHEN, H. *Você pode negociar qualquer coisa*. São Paulo: Record, 1980.

Este livro enquadra-se na categoria *ame-o ou deteste-o*, pois possui pouca preocupação acadêmica e, em diversos momentos, resvala, perigosamente, nas fronteiras da ética e do preconceito. De qualquer forma, vale pelos capítulos 4, 5 e 6, nos quais se descrevem – de forma muito clara e com uma riqueza de detalhes ímpar – os três fatores condicionantes da negociação, ou seja: poder, tempo e informação.

FISHER, R.; URY, W.; PATTON, B. *Como chegar ao sim*. 2. ed. Rio de Janeiro: Imago, 1994.

Texto introdutório básico, recomendado como primeira leitura para aqueles que estão iniciando seus passos em negociação. Esse livro, que já vendeu milhões de exemplares em todo o mundo, traz a visão da Escola de Harvard sobre negociações. Além de apresentar o Método de Harvard, faz também uma análise sobre contextos da negociação e aborda algumas situações específicas de negociações difíceis, tais como desequilíbrio de poder e uso de táticas deselegantes.

RUSSO, J. E.; SCHOEMAKER, P. J. H. *Tomada de decisões*: armadilhas. São Paulo: Saraiva, 1993.

Os autores desenvolvem uma interessante análise sobre o processo decisório do ser humano, enfatizando os principais erros de avaliação que, normalmente, levam as pessoas a elegerem opções que não lhes são favoráveis. Embora não seja propriamente um livro sobre negociação, é de extrema valia no entendimento da análise de alternativas.

SHELL, G. R. *Negociar é preciso*. São Paulo: Negócio, 2001.

Leitura obrigatória para quem deseja aprofundar seus conhecimentos sobre negociação. O autor não se limita a traçar hipóteses, mas exemplifica-as com situações bem-documentadas, retiradas da realidade. Ademais, fundamenta suas teorias com uma ampla e consistente referência bibliográfica, especialmente no que se refere às complexas nuanças do comportamento humano. Entre os muitos méritos do livro, talvez o maior deles seja a adoção de modelos que ajudam a estruturar e a entender o processo de negociação, tornando mais compreensíveis as variáveis envolvidas e ajudando, efetivamente, o leigo a melhor direcionar suas ações.

STONE, D.; PATTON, B.; HEEN, S. *Conversas difíceis*. Rio de Janeiro: Campus, 1999.

Em uma abordagem surpreendentemente clara, os autores estudam os problemas ligados aos aspectos não objetivos das negociações, especialmente aqueles ligados a problemas de percepções, comportamento emotivo e falha de comunicação. O modelo conceitual utilizado é bastante esclarecedor e realmente contribui para que se tenha uma visão clara dos delicados mecanismos que fazem com que uma negociação seja bem ou malsucedida.

Autor

Jaci Corrêa Leite é professor titular do Departamento de Informática e Métodos Quantitativos da Eaesp/FGV, do qual foi chefe e vice-chefe. Economista, mestre e doutor em administração, pela FEA-USP. Participou do Program on Negotiation for Senior Executives (Harvard), do Negotiation Strategies for Managers (Kellogg Graduate School of Management) e do Executive Negotiation Workshop (Wharton School of Business), além de outros programas na University of Texas. Ingressou na Eaesp/FGV em 1992. Coordenou o GVnet (Centro de Educação a Distância) de 2000 a 2005. Atualmente, dedica-se aos cursos de pós-graduação e formação de executivos. Desde 1995, coordena, na Eaesp/FGV, os programas de capacitação de executivos em negociação.

FGV Online

Missão

Desenvolver e gerenciar tecnologias, metodologias e soluções específicas de educação a distância, sob a responsabilidade acadêmica das escolas e dos institutos da FGV, no âmbito nacional e internacional, liderando e inovando em serviços educacionais de qualidade.

Visão

Ser referência internacional na distribuição de produtos e serviços educacionais inovadores e de alta qualidade na educação a distância.

Cursos oferecidos

O FGV Online oferece uma grande variedade de tipos de cursos, desde atualizações até especializações e MBA:

- cursos de atualização;
- cursos de aperfeiçoamento;
- graduação;
- MBAs e cursos de especialização;
- soluções corporativas;
- cursos gratuitos (OCWC).

Cursos de atualização

Os cursos de atualização de 30 a 60 horas visam atender ao mercado de educação continuada para executivos. Professores-tutores – capacitados em educação a distância e especialistas na área em que atuam –

Coleção Gestão empresarial

orientam os participantes. Vídeos, animações e jogos didáticos auxiliam a apreensão dos conteúdos apresentados nos cursos.

Os cursos de atualização são destinados aos interessados em rever e aprimorar suas atividades profissionais, além de interagir com profissionais da área. São cursos práticos que podem ser aplicados em seu dia a dia rapidamente. Para a realização dos cursos, é recomendável já ter cursado uma graduação.

Os cursos de atualização do FGV Online são veiculados, essencialmente, via internet. A utilização de diversos recursos multimídia fomenta a busca de informações, a reflexão sobre elas e a reconstrução do conhecimento, além de otimizar a interação dos alunos entre si e com o professor-tutor, responsável pelo suporte acadêmico à turma.

O curso tem duração aproximada de nove semanas.

Cursos de aperfeiçoamento

Os cursos de aperfeiçoamento de 120 a 188 horas são voltados para a formação e o desenvolvimento de competências gerenciais estratégicas com ênfases em áreas do conhecimento específicas. Para a realização dos cursos de aperfeiçoamento, é recomendável já ter cursado uma graduação.

Graduação

Os Cursos Superiores de Tecnologia a distância são cursos de graduação direcionados a profissionais que pretendam se apropriar de novas ferramentas e técnicas de gestão.

Considerando que, nos mercados competitivos, só sobrevivem as empresas que contam com a criatividade, a flexibilidade e a eficácia de seus colaboradores, os Cursos Superiores de Tecnologia visam atender tanto às organizações que buscam qualificar seus executivos quanto aos que não conseguem dar continuidade a sua formação, seja por falta de tempo para participar de cursos presenciais, seja porque não existem, na cidade em que residem, instituições de ensino superior.

Os Cursos Superiores de Tecnologia são diplomados pela Escola Brasileira de Administração Pública e de Empresas da Fundação Getulio

Vargas (Ebape/FGV). O diploma dos Cursos Superiores de Tecnologia, realizados a distância, contempla as mesmas especificações e tem idêntico valor ao dos diplomas das graduações presenciais.

MBAs e cursos de especialização

Tendo como pré-requisito o diploma de graduação, os MBAs e cursos de especialização a distância destinam-se a executivos que desejam se especializar em suas áreas de atuação, aliando conhecimento e *networking* profissional para acompanhar as frequentes mudanças no competitivo mercado de trabalho.

A metodologia do curso contempla, além do trabalho com diferentes ferramentas de internet, encontros presenciais, realizados em polos espalhados por todas as regiões do Brasil.

As disciplinas do curso são elaboradas por professores da FGV, enquanto os professores-tutores discutem o conteúdo, orientam atividades e avaliam trabalhos dos alunos no ambiente virtual de aprendizagem, via internet.

Os MBAs e cursos de especialização do FGV Online têm, no mínimo, 360 horas, e apresentam opções em diversas áreas de conhecimento:

- MBA Executivo em Administração de Empresas com ênfase em Gestão;
- MBA Executivo em Administração de Empresas com ênfase em Meio Ambiente;
- MBA Executivo em Administração de Empresas com ênfase em Recursos Humanos;
- MBA Executivo em Direito Empresarial;
- MBA Executivo em Direito Público;
- MBA Executivo em Finanças com ênfase em *Banking*;
- MBA Executivo em Finanças com ênfase em Controladoria e Auditoria;
- MBA Executivo em Finanças com ênfase em Gestão de Investimentos;
- MBA Executivo em Gestão e *Business Law*;
- MBA Executivo em Gestão Pública;
- MBA Executivo em Marketing;
- Especialização em Administração Judiciária;
- Especialização em Gestão da Construção Civil;

- Especialização em Gestão de Pequenas e Médias Empresas;
- Especialização em Negócios para Executivos – GVnext.

O MBA Executivo em Administração de Empresas é certificado, pela European Foundation for Management Development (EFMD), com o selo CEL, que avalia e certifica a qualidade dos programas das escolas de negócios.

Além dessas opções, o FGV Online possui dois MBAs internacionais: o MBA Executivo Internacional em Gerenciamento de Projetos (em parceria com a University of California – Irvine) e o Global MBA (em parceria com a Manchester Business School), que são programas destinados a executivos, empreendedores e profissionais liberais que, precisando desenvolver suas habilidades gerenciais, querem uma exposição internacional sem precisar sair do país.

Soluções corporativas

Definidas em parceria com o cliente, as soluções corporativas do FGV Online possibilitam que os colaboradores da empresa – lotados em diferentes unidades ou regiões, no país ou no exterior – tenham acesso a um único programa de treinamento ou de capacitação.

É possível ter, em sua empresa, todo o conhecimento produzido pelas escolas e unidades da FGV, na forma de educação a distância (*e-learning*). São soluções e produtos criados pela equipe de especialistas do FGV Online, com o objetivo de atender à necessidade de aprendizado no ambiente empresarial e nas universidades corporativas.

Os cursos corporativos do FGV Online são acompanhados por profissionais que, responsáveis pelo relacionamento empresa-cliente, elaboram todos os relatórios, de modo a registrar tanto todas as etapas do trabalho quanto o desempenho dos participantes do curso.

Cursos gratuitos (OCWC)

A Fundação Getulio Vargas é a primeira instituição brasileira a ser membro do OpenCourseWare Consortium (OCWC), um consórcio de instituições de ensino de diversos países que oferecem conteúdos e materiais didáticos sem custo, pela internet.

O consórcio é constituído por mais de 300 instituições de ensino de renome internacional, entre elas a Escola de Direito de Harvard, o Instituto de Tecnologia de Massachusetts (MIT), a Universidade da Califórnia (Irvine) e o Tecnológico de Monterrey, entre outras, provenientes de 215 países.

Atualmente, o FGV Online oferece mais de 40 cursos gratuitos – há programas de gestão empresarial, de metodologia de ensino e pesquisa, cursos voltados a professores de ensino médio, um *quiz* sobre as regras ortográficas da língua portuguesa, entre outros –, sendo alguns deles já traduzidos para a língua espanhola. A carga horária dos cursos varia de cinco a 30 horas.

Membro do OCWC desde julho de 2008, o FGV Online venceu, em 2011, a primeira edição do OCW People's Choice Awards – premiação para as melhores iniciativas dentro do consórcio –, na categoria de programas mais inovadores e de vanguarda. Em 2012, o FGV Online venceu, pelo segundo ano consecutivo, dessa vez na categoria de recursos mais envolventes.

Para saber mais sobre todos os cursos do FGV Online e fazer sua inscrição, acesse <www.fgv.br/fgvonline>.

Esta obra foi produzida nas
oficinas da Imos Gráfica e Editora na
cidade do Rio de Janeiro